江恩时空波动理论

（第二版）

朱向来　著

地震出版社
Seismological Press

图书在版编目（CIP）数据

江恩时空波动理论／朱向来著. —2版. — 北京：地震出
版社，2022.2

ISBN 978-7-5028-5356-3

Ⅰ. ①江…　Ⅱ. ①朱…　Ⅲ. ①股票市场－经济波动－
研究　Ⅳ. ①F831.91

中国版本图书馆 CIP 数据核字（2021）第 211136 号

地震版　XM5030/F（6153）

江恩时空波动理论（第二版）

朱向来　著

责任编辑：范静泊

责任校对：凌　樱

出版发行　**地震出版社**

　　　　北京市海淀区民族大学南路 9 号　　　　　　　邮编：100081

　　　　发行部：68423031　68467991　　　　　　　传真：68467991

　　　　总编办：68462709　68423029

　　　　证券图书事业部：68426052

　　　　http://seismologicalpress.com

　　　　E-mail: zqbj68426052@163.com

经销：全国各地新华书店

印刷：北京广达印刷有限公司

版（印）次：2022 年 2 月第二版　2022 年 2 月第二次印刷

开本：710×1000　1/16

字数：291 千字

印张：16.25

书号：ISBN 978-7-5028-5356-3

定价：60.00 元

再版前言

自 2017 年出版《江恩时空波动理论》以来，得到了许多投资界朋友尤其是研究江恩理论的朋友的欢迎，对此我感到高兴，并与许多研究者就书中有关内容进行了深入的交流，他们毫无保留地提出了许多宝贵意见，在这次再版中予以采纳。

本次再版，我对第一章内容进行了大幅修改，在时间结构上进行了进一步阐述，也订正了一些错误。用自然法则在 K 线上分析自然转折点是本次修改的一个重点。"日用而不知"恰恰是多数人忽略的一个问题，但就是这个问题制约着研究者的思路。

在与许多研究者交流的过程中，他们强烈要求对波动法则与主宰数字进行进一步的"泄密"。我说过，我发现的这些东西，即便是我首次研发的东西，都不是我的，它们本来就存在于宇宙中，只不过是通过我这个媒介展现出来而已。研究江恩理论这么多年，我看到了一批又一批的人参与其中，其生命力之旺盛不可估量。因此，我重新梳理了第十三章的内容，再一次透露了江恩圣语中的密语部分，向来数源阵，主宰数字的四方形，以及自然法则。密语背后自然还有一个密意，但愿研究者能够用心去寻找；向来数源阵，其威力不可说，不可说；此次主宰数字的四方形精确地预测了上证指数转折点，让人叹为观止。若研究者能够在此基础上继续研究，相信一定有非凡的收获。

在与许多研究者交流的过程中，我发现多数人更看重预测这一功能。实际上，预测并不神秘，只要大家多对自然法则进行领悟，预测就好比数数这么简单。例如，今年2月，湖南某上市公司高管姜先生跟我说，信号已经明确，他在我们的通话中得到了肯定的答案。

希望这次改进能够让更多的朋友得到新的知识点。真心希望研究者先多多领悟自然法则，这是进入江恩核心的捷径。

如果大家在阅读的过程中发现不当之处，敬请及时通过QQ邮箱告知，以便进一步修改。

祝读者朋友投资顺利。

朱向来

2021年8月于福州

前　言

　　本来，这本书原先起的名字叫《奉先予后》，是敬献给两位老人的，一位就是我爷爷庆丰公，我从小就与爷爷住在一个院落里，爷爷养育我父亲兄弟姐妹6人，而我奶奶是典型的小脚老人，我爷爷何其辛劳养育全家，爷爷的一生用"艰辛"再也不为过，爷爷默默地承受整个家族的抚养之责，从未说过自己的功劳，作为孙子辈的我，心存敬仰而习之，这就是爷爷给予我的恩赐。另一位是我外公王立平老先生，我从小就由外公带大，其爷孙感情不言而喻，更重要的是，外公教会我了文武双全的理念，外公从小就给我讲述英雄人物文武双全的故事，我在外公的故事中长大，外公的文武双全的理念也终究伴随我一生。这是奉先的原因，是向两位老人汇报自己的工作。而予后呢？当然是自己的子女，女儿明月出生以来，让我这个初为人父的人，走路都会笑，莫名的高兴，这是女儿带来的快乐。祖上的智慧在我这里得到传承，不论是思想还是做人做事。我希望自己的思想也会在女儿这里得到传承，或多或少只看天意，不必强求。由于考虑到市场的关联性，才将原书名修改成《江恩时空波动理论》，时空波动这也是市场真正的大道。

　　接触江恩理论是1997年底，偶尔的原因在深圳接触到了江恩理论，从此走上了另一条路，在这里要感谢一位淄博姓姜的朋友，若没有她的指引，估计就没有今天这本书的出现。在这里要特别感谢原青岛万通证券淄博营业部王震、孙新刚、石峻岭等全体兄弟姐妹，谢谢你们。

江恩是一个传奇人物，一个创造历史的人。在现今的投资界，我想没有几个人不知道江恩理论的，然而就这么一个重要的理论却是如其他投资理论一样，知道者多，懂得者少，至于精通者更是少之又少，这似乎是个怪圈。不光是江恩理论，就是道氏理论与波浪理论也逃脱不了这个命局。究其原因各种各样，这里有一个重要的原因就是能够看懂原著的人太少，而看其他人编译的江恩理论，就只能是添加了研究者个人的领悟与理解的问题了，故好坏自然难说。

江恩是一个诚实的人，一个具有极其创造力与领悟力的人，一个理论的创造者与实践者，他从来没有说过不切实际的话，在他的著作里，他原原本本地把事实告诉给大家，只可惜世人好高骛远，却把放在眼前的钧窑陶瓷宝藏视作平常的瓦罐而已。

古人云：请求将得到给予，寻找将会发现，敲门大门将会向你打开。问问自己，你为打开真理之门付出了多少时间与精力？

为打开这扇智慧的大门，笔者经过长达十多年的时间苦心钻研，十多年的时间自己一直在江恩理论上转，我想用"艰辛"这两个字实在是恰当不过的了。不论是在路上还是在梦中，不论是在车上还是在饭桌上，我经常是为一个问题而走神。为了进入其核心，我阅读了大量的书籍，其中古老的东方哲学与周易和西方的星占学与天文学对我帮助很大，他使我在很多问题上有了质的飞跃。南怀瑾先生讲乾坤两卦是周易的两块敲门砖，天文学与星占学不仅是进入江恩理论的敲门砖，更是江恩理论的灵魂。

一个悟字何等了得，一个缘字何等了得，只要你愿意下功夫，日积月累，高手必成。正如曾文正公所讲：有恒则断无不成之事。

江恩不但在金融界有很高的成就，在哲学方面也有独特的见解，不论在《神奇的字句》中还是在《空中隧道》中都显示了深厚的哲学功底。纵观世界伟大的投资家，大都是金融哲学两丰收，一个人要在技艺上有高超的成就，必须要在哲学上有深厚的修养，不然很容易走极端。正如金庸先生在《天龙八部》借用无名扫地僧所讲：武功越高越要用佛法来化解。正是这句话一语点破武学障与知见障的化解方法。这句话有很深的哲理与用意，形成技艺与哲学互补的格局，正如时间与空间一样完美结合，和谐统一。

在这个技术奔腾的时代，在这个杀鸡取卵的时代，有远见的人更应该注重哲学的修为，然而世人恰恰选择的却是急功近利，走直线，取捷径，这是非常危险的。爬山走捷径势必增加了难度与危险性，山峰越高危险性就越大，很可能走到半途你就不得不返回。哲学宛如通向山顶的一条盘山路，如果我们沿着一圈圈的盘山小路，一个弯一个弯地走上去，你就会不知不觉地走到了山顶。爬山如此，人生亦是如此。只有你走过足够多的弯路后，你就能够平稳地走向山峰，走向人生的高峰，然后才有会当凌绝顶，一览众山小的豪气。这弯路是聚气，是凝神，更是一条最安全最平稳的捷径。

我学习江恩理论最大的收获并不在于悟到了真相，而是在这个过程中通过古典国学充实了我的另一面。我在求证的过程中悟到了佛法与做人的道理，在无形中，中庸之道、互补之论注定跟随我一生。

本书集中了江恩理论的精华与内涵，更有我多年研究K线世界的重大成果。如果你我有缘，你就会从中领悟到你所需要的东西。但我想说的是若研究或写出比较精致到让读者都没有想象空间的话，这对于读者而言是不负责任的，著书立说，让后人在你的基础上有所发展也是一种美德，给予人以空间，让后世之人有所得，这才是一种失却的雅量与美德。

都说市场是无形的手，或许你能从本书中发现其背后的手，看得清，抓得住，不论他想正手还是反手，你都会从容不迫地对待他。这里面已经不仅仅是三大市场理论了，商业价格运行、经济运行都隐藏其中。如果你是机构，你会从中发现最佳战略；如果你是个人，你会发现最佳战术；如果你是商人，你会发现价格运行的规律。

时空波动是金融系统的基础，一个人的德行是一个人命运与事业的基础，无德之根焉能有树？有枝？有叶？有果？人不积德，何以功至？所有的福分都是积功累德之果，愿有缘人能从积功累德做起。

我很喜欢江恩在《空中隧道》中的诗句，现摘录与大家共勉：

坚强，以至于你的平静不被任何事情所打扰，

让你的朋友看到其中的价值。

看着所有可笑的事情，最终使你乐天的梦想成真，

善于思考，善于工作，善于期待。

对于别人的成功就像对待自己的成功一样热情。

忘掉过去的错误，努力争取未来的伟大的成果。

善意地对待世间的所有生物，你会赢得微笑。

花费所有的时间来提高自己，以至于没有时间批评别人，

强大到不用忧虑，高贵到不会发怒，强壮到不需恐惧。

幸福以至麻烦都不会出现，

用伟大的行动，而不是高昂的声音表现你自己，

忠实的生活，整个世界将会站在你的一边。

目　　录

第一章

市场的源头 K 线

　　国内股票市场从 1990 年 12 月 19 日上证指数设立以来，已历经三十余年，在这三十余年中，市场研究分析与交易从无到有，从简单到复杂，从人工到智能，从散户为主，到庄家论，从庄家论到周转论，从公募基金到私募基金，等等，投资主体也越来越复杂。与此同时，其分析手段也越来越复杂，从 K 线分析到指标分析，从识破庄家到价值分析，从道氏理论到波浪理论，再到江恩理论，等等，市场分析手段也越来越像西方科学一样，逐渐精细化，然而作为投资主体的人也越来越迷茫，困惑也越来越多，逐渐走进了死胡同，这是为什么？

　　在长期的研究中，我从简单的均线到在 K 线上叠加各式各样的指标，到后来我逐渐迷失自我，再到我逐渐把所有的叠加去掉，经历了一个漫长而痛苦的过程。我由菜鸟看不懂行情而亏钱，到看得懂行情而不知怎么买卖，到逐渐看懂行情而错失良机的懊悔，到随着 K 线起伏波动，一直到亏得麻木。经历了传统行业只要努力就会见成效的怀疑，经历了数不清的日日夜夜，最终我逐渐抛去了叠加在 K 线上的一切，逐渐回归到了最初的本源——裸体 K 线，运用简单的 K 线分析，渐渐地找回了自己的迷失，走到了市场真正的核心。

　　K 线是一种特殊的市场语言，不同的形态有不同的含义。对于 K 线语言的讲解，目前市场上存在多种书籍，读者可以参考。在这里我想说的是，K 线是一门语言，真正能听明白的人是比较少的，绝大多数人只能是知其然而不知其所以然，更多的普通投资者陷进了 K 线语言名词的漩涡中。究竟是什么原因让多数人止步于名词漩涡之中呢？是什么原因让多数人止步于知其然的状态呢？通过多年的市场研究，笔者终于弄明白，原来是没有弄明白市场的两个要素而已。打开任何标的物的分析软件，我们所看到的 K 线图无非就是市场的价格与时间结构图而已。

K 线是价格的载体，也是时间的载体，价格是如何上升呢？实际上我们看到的软件就是 excel 演变而来，excel 记录价格，是以阶梯状递增或递减，只有一个价格超过另一个价格才能够看到递增或递减的状态，否则，市场将会呈现平行状态，在术语里面称之为震荡。那么在什么样的条件下能够彻底显示递增或递减呢？单纯来看，若收盘价超过上一个收盘价会出现递增或递减的状态，但这只是收盘价出现递增或递减，而最高价或最低价并没有超越，因此，正确的 K 线形态递增或递减必须是收盘价超越上一根 K 线最高价或最低价。就是因为没有明白这个原因，才导致多数人一知半解，才导致多少人进入名词漩涡。

那么时间结构呢？一根 K 线波动的大小代表着价格波动的大小，也代表着 N 周期的时间，即在本周期内多空双方战斗的结果。假如说你能够自己在计算图纸上画 K 线图，那么你对时间的理解就会变得比较简单，毕竟在计算纸上价格与时间的比例是可以预先设定的，可以设置为 1:1，也可以设置为 1:2 等。但对于现代化的今天，又有多少人用计算纸去画呢？大多数人只会运用计算机直接看或直接分析，既方便又快捷，但却丢失了市场中的基础——时间与价格的比例关系，这是致命的，主要是把核心问题丢失了。一根 K 线收盘价超过最高或最低后才能计算时间，比如当今日价格收盘超越上周最高价时，它代表的是从今日起第五天将会时拐点，当今日价格收盘超越上一根 K 线最高价时，它代表了有一个交易日的机会。就好比上楼梯，只有踏出第一步，才能上第二步，上了第二步，才能上第三步，时间如此价格更是如此。说到底，顺其自然而已。但是顺其自然这四个字价值万金，我们常说顺其自然，顺其自然，究竟什么是顺其自然呢？不就是易经所云：一阴一阳之谓道，继之者善也，成之者性也。仁者见之谓之仁，知者见之谓之知，百姓日用不知，故君子之道鲜矣！显诸仁，藏诸用，鼓万物而不与圣人同忧，盛德大业至矣哉！富有之谓大业，日新之谓盛德。生生之谓易，成象之谓乾，效法之谓坤，极数知来之谓占，通变之谓事，阴阳不测之谓神。中庸有云：君子之道费而隐。

夫妇之愚，可以与知焉，及其至也，虽圣人亦有所不知焉。夫妇之不肖，可以能行焉，及其至也，虽圣人亦有所不能焉。真是感叹我华夏祖宗们的智慧，嘘唏我后辈之浮沉。

K线，我们无非就是寻找顶部反转、底部反转或中继状态而已，其他的均不是我们所需要的，这一点必须要清楚。K线表达的也是这个意思，其他的含义我们可以不必计较，一旦你明白了这一点，那么大的方向就基本搞定，剩下的只是要寻找顶部、底部反转信号和中继信号而已。

关于K线组合。李嘉诚讲过，房地产的核心秘密是：位置，位置，位置。那么笔者也可以说，K线组合的核心秘密就是：位置，位置，位置。没有位置的K线组合一切都没有意义。从组合意义上来说，3K线组合的意义远大于2K线组合的意义。另外，多根K线形成的标准战列K线组合意义远大于3K线组合形成的意义。丁圣元先生翻译的《日本蜡烛图技术》堪称经典之作，书中讲述了大量的K线组合以及经典的实战案例，这里我对有些重要的K线组合定义略微进行了修正。

1. 三红兵

"三红兵"亦称红三兵，是三根阳线，依次上升，形成红三兵形态。它是一种很常见的K线组合，这种K线组合出现时，后势看涨的情况居多。特别在下降趋势中，一般是市场的强烈反转信号；如果股价在较长时间的横盘后出现红三兵的走势形态，并且伴随着成交量的逐渐放大，则是股票起动的前奏。

三红兵特征：在股票运行过程中连续出现三根阳线，每天的收盘价高于前一天的收盘价。在这里需要对三红兵特征重新定义，因为，这里定义的是连续出现三根阳线，每天的收盘价高于前一天的收盘价，是有问题的。以收盘对应收盘在实际应用中明显存在缺陷，最高点没有过，往往都是虚晃一枪。因此，将三红兵定义修订为：

一根收盘价比上一根最高价要高，且连续三根都收阳线，则三红兵成立。

市场经过长时间的下跌后出现如此组合，则很有可能会出现真正的多头启动。三红兵是寻找多头启动点的组合的重要方法，但市场在经历了长时间的上涨后再出现往往是陷阱。如图1-1至图1-3所示。

图 1-1　上证指数三红兵(一)

图 1-2　上证指数三红兵(二)

图1-3　上证指数三红兵(三)

2016年1月，市场出现了大幅暴跌，从3684点一路下跌到2638点的地位，市场在2月15日、16日、17日连续以阳线报收，形成了标准的三红兵(图1-1中的椭圆圈标识)，至此，市场展开了上涨阶段。在这途中，曾经多次反复，但整体上呈现上涨状态，在途中曾经出现过两次明显的三红兵状态，第一次是在6月27日、28日、29日，第二次是在8月2日、3日、4日。

2013年6月25日1849点开始的这波牛市最高见到了5178点，途中虽有反复，但终究在2014年后半段开始启动，2014年7月11日、14日、15日连续三天收阳，且形成了启动前的最标准的三红兵，5天后牛市爆发(图1-2)。

从2009年3478点展开的慢慢熊市一路下行，直到2013年6月25日见到1849点回到了"鸦片战争时代"，后市在6月28日、7月2日、7月3日呈现三连阳，形成标准的三红兵状态，牛市行情由此启动(图1-3)。

2. 三黑兵

三黑兵又叫"三只乌鸦"，是一种K线组合形态，指股价在运行时突然出现连续三根阴线的 K 线组合，它是一种下跌的信号。"三只乌鸦"也叫"暴跌三杰"，意思是三根向下的阴线持续下跌，后市看淡。中国的传统观念认为，乌鸦是不祥之物，意喻不吉利，所以"三只乌鸦"后市看跌的意味浓重。"三只乌鸦"出现在下跌趋势启动之初，空头取得优势并开始发力，务必注意这种 K 线成立的前提，是发生在下跌趋势成立的初期。

三黑兵技术特征：连续出现三根阴线，每日收盘价都向下跌，收盘价接近每日的最低价位，每日的开盘价都在上根 K 线的实体部分之内，该特征定义不明确。笔者修订为：

收盘价比上一根 K 线最低价要低，且连续三根都收阴线，则三黑兵成立。

市场经过长时间的上涨后出现如此组合，则很有可能会出现真正的空头启动，三黑兵是寻找空头启动点组合的重要方法。但市场在经历了长时间的下跌后再出现，往往是陷阱。如图 1-4 和图 1-5 所示。

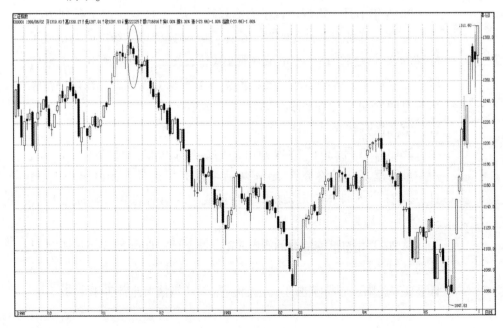

图 1-4 上证指数三黑兵(一)

图1-5 上证指数三黑兵(二)

1998年11月17日上证指数见到1300点后市场展开了回落,至此,从8月18日的反弹宣告结束,市场从17日连续三天收阴线,且形成了标准的三黑兵状态,后市展开了一波比较大的下跌行情(图1-4)。市场再一次展现三黑兵的前瞻性。

2005年6月6日起步的超级大牛市至2007年10月见到6124点后展开了回落,市场在11月1日、2日、5日,连续三天收阴,且形成标准的三黑兵状态,至此,浩浩荡荡的大崩溃由此展开。在崩溃的途中,市场出现过一次比较大的反弹行情,直到2008年1月15日、16日、17日三天,市场再次出现三黑兵(图1-5),惨绝人寰的崩溃由此爆发。

3. 顶部反转K线

K线是一种高级的语音,只要你能够真正聆听到市场发出的声音,你就会明白市场该如何运行以及如何操作。在K线组合中,比较突出有实战意义的两个反转形态分别为顶反转以及底部反转,但目前为止没有确定的定义概念，笔者在这里修订定义概念为：

顶部反转定义：连续三日 K 线组成，中间为最高价，最高价前一根 K 线为阳线时，开盘必须低于最高价 K 线的最低价，若为阴线则必须收盘低于最高价 K 线的最低价，最高价后一根 K 线则收盘必须低于最高价前一根 K 线的最低价。

图 1-6 为千金药业（600479）在 2015 年 6 月 12 日、15 日、16 日三天形成的标准趋势反转形态。

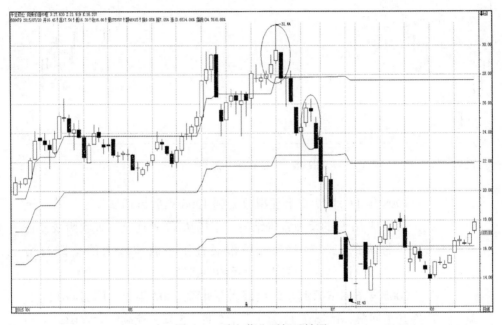

图 1-6　千金药业顶部反转图

图 1-7 为生意宝（002095）在 2015 年 12 月 9 日、10 日、11 日形成的标准顶部反转，后市该股一路下跌。

图 1-8 为上证指数在 2015 年 7 月 23 日、24 日、27 日三天形成的标准顶部反转，后市狂跌，11 月 25 日、26 日、27 日又一次形成顶部反转形态，后市再次狂跌。

顶部反转形态的名称，你可以自己定义，名称不是很重要，这一点要谨记，切莫掉进名称的陷阱里。

图 1-7　生意宝顶部反转图

图 1-8　上证指数顶部反转图

4. 底部反转 K 线

底部反转定义：连续三日 K 线组成，中间为最低价，最低价前一根 K 线为阳线时，收盘必须高于最低价 K 线的最高价，若为阴线则必须开盘高于最低 K 线的最高价，最低价后一根 K 线则收盘必须高于最低价前一根 K 线的最高价。

图 1-9 为上证指数在 2014 年 8 月 7 日、8 日、11 日三天形成的标准底部反转，10 月 24 日、27 日、28 日再次构成标准的底部反转形态。

图 1-10 为生意宝(002095)在 2012 年 12 月 3 日、4 日、5 日形成的底部反转形态，后市由此展开了超级大行情。

图 1-11 为千金药业(600479)在 2013 年 7 月 19 日、22 日、23 日三天形成的标准趋势反转形态。

顶底反转形态，在一定程度上与分型有着莫大的关系，有此基础者可继续研究。

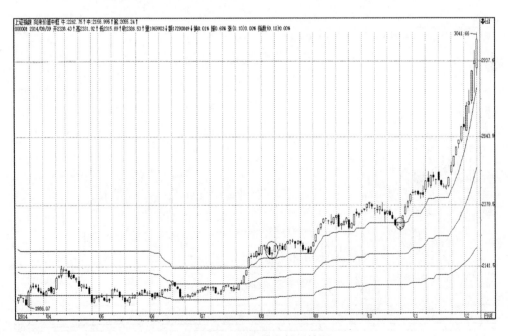

图 1-9　上证指数底部反转图

图1-10 生意宝底部反转图

图1-11 千金药业底部反转图

5. 战列 K 线

战列 K 线定义：由多根 K 线组合成标准的顶部反转或底部反转。

多根 K 线组合的情况往往会形成中期或长期趋势变化，这一点非常重要。战列 K 线的意义远超过顶部、底部反转形态，毕竟顶部或底部都是主力极力想掩盖的，不会搞得太明显，正因为如此，才凸显战列 K 线的意义，特别是周线与月线级别，对中长期走向构成极大的指导意义。

（1）战列顶部反转。

在图 1-12 中，标注①是 2015 年 11 月 30 日 K 线，标注②是 2015 年 12 月 1 日 K 线，标注③是 12 月 28 日 K 线，冠豪高新主力在大盘大跌的情况下出现了大幅上涨至涨停，很明显，主力应变的能力非常强。盘中开始出货，核心筹码在这个时段开始借着震荡大量出局，12 月 28 日开始与大盘同步下行，脱离主力控制，28 日这根 K 线宣布战列 K 线组合完成。2015 年 11 月 30 日、12 月 1 日与 12 月 28 日形成战列 K 线组合，是典型的反转形态。从 12 月 1—28 日这中间的 K 线称之为无方向 K 线。

图 1-12　冠豪高新战列 K 线顶部反转图

在图 1-13 中，机器人（300024）股票在以机器人操作代替人工操作的背景下经历了大长牛走势，后来到了 2015 年 6 月，最高见 62.41元，是启动最低价的 30 倍，图中标注①是 6 月 2 日涨停板，标注②是 6 月 3 日冲高回落的射击之星，6 月 4 日、5 日两根 K 线为无方向 K 线，标注③是 6 月 8 日再次以跌停确立战列 K 线组合完成，与此同时，该股跌破笔者价值中枢的牛线，宣告上涨结束。在 2015 年 6 月 2 日、3 日和 8 日形成战列 K 线组合，后市展开下行。4 日、5 日两天 K 线称之为无方向 K 线。该股价值已经充分透支，若没有出现重大变化或大幅下跌前不会再有大幅上升的动力。

图 1-13　机器人战列 K 线顶部反转图

2002 年 3 月 A 股已经历了从 2001 年 6 月 2245 点以来的惨痛下跌，深成指更是从 5000 多点跌到了 2600 多点，跌幅近 50%。如图1-14 所示，该股在市场信心极度匮乏的情况下出现了大幅上涨，说明该股主力不论是技术控制还是时机把握相当高超。图中标注①是2002 年 3 月 18 日的走势，以涨停板报收，标注②是 3 月 19 日冲高后形成上影线较长的小阳线，标注③是 2002 年 4 月 19 日中阴，该 K 线跌破笔者价值中枢，与此同时也形成了战列 K 线组合。2002 年 3 月 18 日、19 日和 4 月 19 日完成战列 K 线组合，后市下行。从 3 月 20 日到 4 月 18 日这中间 K 线称之为无方向 K 线。

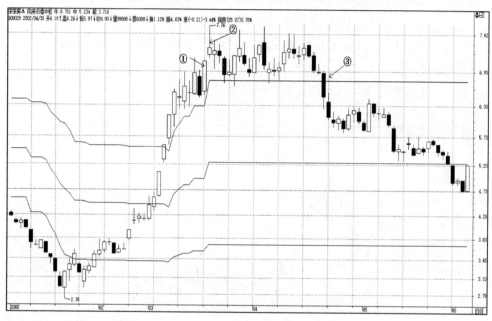

图 1-14　深深房战列 K 线顶部反转图

（2）战列底部反转。

2009 年大反弹后上证指数便一路下行，连续下跌 4 年，直到 2012 年底市场出现了一波短期的强劲反弹，这一波反弹并没有构成实质性的突破，直到 2014 年 11 月 10 日才真正形成了突破。但市场在这一波的反弹中已经透露距离真正的上涨不远了。这一波反弹见到 2244 点后便再次出现下跌，直到 1849 点，市场才开始了真正的酝酿底部。图 1-15 中的标注①是 2013 年 6 月 24 日 K 线，标注②是 2013 年 6 月 25 日被大家戏称为回到"鸦片战争"的 1849 点之 K 线，标注③是树立本次上涨的关键 K 线（7 月 11 日）。上证指数 2013 年 6 月 24 日、25 日和 7 月 11 日形成标准的底部反转战列

K线组合。从6月26日到7月10日这中间的K线称之为无方向
K线。

图1-15　上证指数战列K线底部反转图

在图1-16中，科力远（600478）2016年初与大盘同步下行，标注
①是1月26日跌停板，标注②是2016年1月27日见到底部，标注③
是2016年2月18日突破K线，2016年1月26日、27日以及2月18
日形成标准的战列底部反转K线。2016年1月28日到2月17日这中
间K线称之为无方向K线。

在图1-17中，亚星客车（600213）2014年5月9日形成大幅下
跌，跌幅达到9%，市场在次日完成底部，此后该股形成长达24天的
窄幅震荡，直到6月18日收盘价突破5月9日最高点，2014年5月9
日、12日和6月18日形成标准的战列K线底部反转形态，后市展开
大幅上涨行情。

图 1-16　科力远战列 K 线底部反转图

图 1-17　亚星客车战列 K 线底部反转图

6. 真 K 线

在图 1-1 中，上证指数 2016 年 5 月 12 日到 6 月 17 日这中间 K 线称之为无方向 K 线或假 K 线。难道 K 线还有假吗？什么是真正的 K 线？

真 K 线定义：在实战中以收盘价突破前一根 K 线的最高价或最低，就是真 K 线。

这就是说，在下跌中收盘价只超过前一根 K 线最低价时才算一根真 K 线，在上升中只有收盘价超过前一根 K 线的最高价才算是一根真 K 线。让我们回顾一下股市的历史，掰着手指头掐算着看看到底我们的股市是如何演绎的。

1990 年 12 月 19 日，这是一个历史性的时刻，中国股市从这一天起，开始正式登场，当日最低报价 95.79 点。此后，股市展开了历史上第一次轰轰烈烈的行情，虽然当时只有 8 只股票，号称老八股：延中实业（600601）、真空电子（600602）、飞乐音响（600651）、爱使股份（600652）、申华实业（600653）、飞乐股份（600654）、豫园商城（600655）、浙江凤凰（600656），它们带领中国股市从最初走到了今天，第一波牛市从 1990 年 12 月涨到了 1992 年 5 月，从 95.59 点涨到了 1429.01 点，其中属于真 K 线的分别是以下月份：1990 年 12 月、1991 年 1 月、1991 年 6 月、1991 年 7 月、1991 年 8 月、1991 年 9 月、1991 年 10 月、1991 年 11 月、1991 年 12 月、1992 年 1 月、1992 年 2 月、1992 年 3 月、1992 年 4 月、1992 年 5 月。共 14 根真月 K 线，从 1990 年 12 月到 1992 年 5 月共有 18 个月周期，14 根月 K 线。如图 1-18 所示。

1993 年 2 月 16 日市场见到了 1558 点后便展开了一波大熊市，前面的牛市让人爱得发狂，后面的熊市却是让人死亡的节奏，唯恐避之不及。这次大熊市让多数人死在了半山腰 770 点附近的中间位上，没想到的是，市场竟然再次从 770 点发力冲到了 325 点的更低位。此次下跌是中国股市第一次走熊，其中属于真正 K 线的是：1993 年 2 月、1993 年 3 月、1993 年 7 月、1994 年 1 月、1994 年 3 月、1994 年 4 月、1994 年 6 月、1994 年 7 月，共 8 根真月 K 线，18 个月周期。如图 1-19 所示。

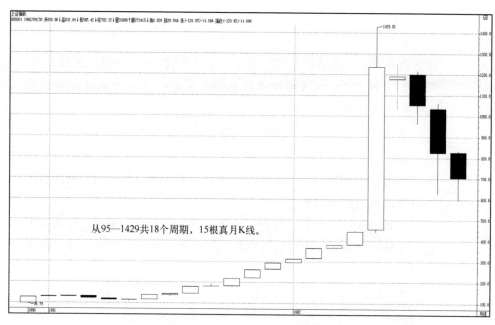

图 1-18　上证指数 1990—1992 年真月 K 线图

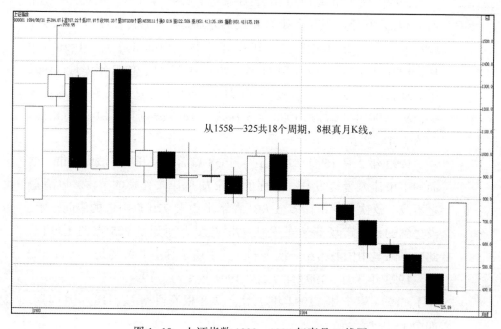

图 1-19　上证指数 1993—1994 年真月 K 线图

在图 1-20 中，中位 K 线为 1994 年 1 月这根 K 线，当月上证指数最高 907 点，最低 760 点，未来市场的上涨就是在这根 K 线上受到了阻力，不论是 1994 年 9 月还是 1995 年 5 月，均在这一线回落，并且在 1996 年牛市展开后的 7、8、9 三个月也在此区域裹足不前，可见中位数的威力相当强劲。实际上真 K 线的每一根都是重要的支撑位与阻力位，有心的读者可细细品味。

1994 年 7 月 29 日上证指数见到 325 点后中国股市真正展开了大幅上升的走势行情，如图 1-21 所示。这是历史的选择，也是中国股市的新篇章。从 325 点开始，中国股市运行了长达 84 个月的上涨行情，其中有多次回落与上涨行情，比较著名的有 "3·25" 国债风波、"5·19" 行情等，但不管如何反复，最终还是走到了 2001 年 6 月的 2245 点，其中真 K 线分别为以下月份：1994 年的 7、8、9 月，1997年的 3、4 月，1998 年的 5 月，1999 年的 6 月，2000 年的 3、4、5、6、7、11 月，2001 年的 5 月，共 14 根真月 K 线。

图 1-20　上证指数 1993 年大熊市之中位真月 K 线图

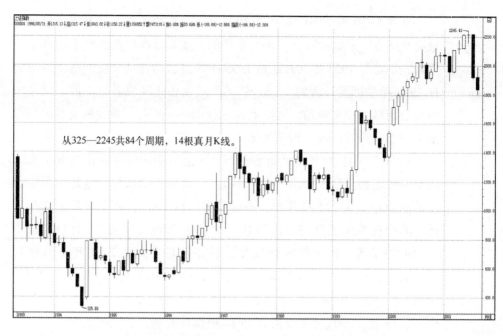

从325—2245共84个周期，14根真月K线。

图 1-21　上证指数 1994—2001 年上升真月 K 线图

　　这轮牛市完成后，那么历史的支撑点在哪里呢？首先我们要考虑的就是 14 根 K 线的一半处，也就是 7 根 K 线处，即 1999 年 6 月这根 K 线，如图 1-22 所示。这个根 K 线最低点为 1259 点，最高点为 1756 点，中位数为 1507 点。实际上第一个重要的支点便在 1500 点附近，2001 年 11 月 22 日最低见到了 1514 点附近。市场出现大幅反弹，反弹至 12 月 5 日，这也是笔者用四维预测与廿四节气预测出来的第一个准确的高点，发表在《证券市场周刊》上。后市在大区域内震荡，虽然没有到达这根 K 线的最低点，但反弹区域，1756 点被压得死死的，共三次在此区域完成顶部。这个震荡区域直到 2006 年才被打破，如图 1-22 和图 1-23 所示。因此，真 K 线的有效性再次显现。

　　2001 年 6 月开始的熊市长达 5 年，其中共运行 49 个月（图 1-24），12 根 K 线，分别为：2001 年 6、7、8、9、10 月，2002 年 1 月，2004 年 10、12 月，2005 年 1、3、4、5 月。其中第 6 根为 2002 年 1 月，当月最高 1643 点，最低 1339 点，中位数为 1491 点，

图 1-22 上证指数牛市之中位真月 K 线图

图 1-23 上证指数牛市之中位真月 K 线图

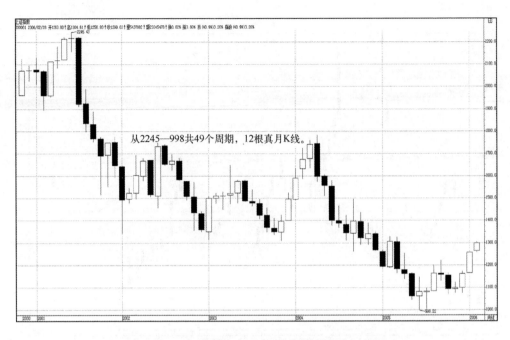

从2245—998共49个周期，12根真月K线。

图 1-24　上证指数 2001—2005 年熊市真月 K 线图

后市牛市来临，面临的第一个阻力便是这根 K 线的位置，另外市场再度回落也是回落到这个位置附近。如图 1-25 所示。

2005 年 6 月中国股市迎来了历史性的大行情，短短的 29 个月上升了 5000 点（图 1-26），这是一次超级大行情，很多人说是尚福林主席的上台带来了福气，也许是吧。这次上升共 29 个月，18 根真 K 线，分别为：2005 年 6、8 月，2006 年 1、2、4、5、9、10、11、12 月，2007 年 1、3、4、5、7、8、9、10 月。其中，2006 年 11 月为第 9 根真 K 线，当月最高 2102 点，最低 1833 点，中位数 1968 点，后市两次在此区域完成底部。如图 1-27 所示。

由于美国次贷危机产生世界性的金融危机，导致中国股市也出现了大熊，其周期运行了 13 个月，共 7 根真 K 线（图 1-28），分别为：2007 年 10、11 月，2008 年 1、3、6、8、10 月。其中 2008 年 3 月为第 4 根真 K 线，最高为 4472 点，最低为 3359 点，中位数 3905 点。2009 年 8 月最高为 3478 点，收盘点位为 3472 点。随后股市在第 4 根真 K 线收盘点位附近形成压力区。如图 1-29 所示。

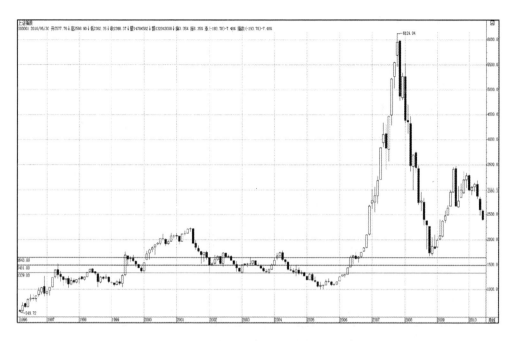

图 1-25　上证指数熊市之中位真月 K 线图

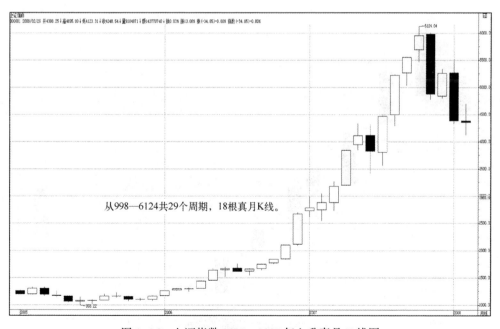

图 1-26　上证指数 2005—2007 年上升真月 K 线图

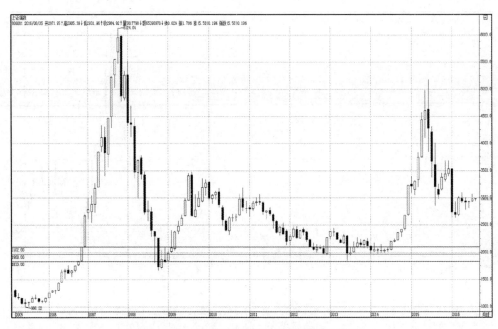

图 1-27　上证指数牛市之中位真月 K 线图

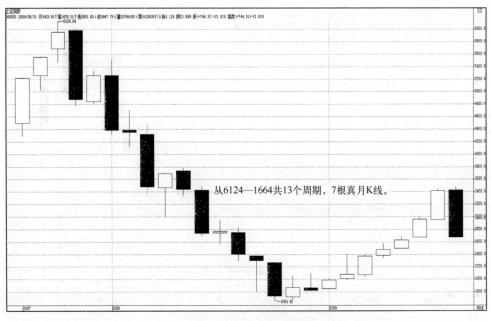

图 1-28　上证指数 2007—2008 年熊市真月 K 线图

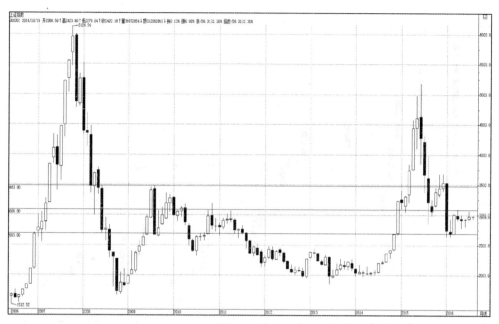

图1-29　上证指数熊市之中位真月K线图

2009年8月4日，市场见到了3478点高位，此后再次展开了熊市下跌，这一跌就是4年，点位从3478点跌到了1849点，运行47个月周期，比2001年那次下跌少两个周期，共9根真K线（图1-30），分别为：2009年8月，2010年5、6月，2011年9、11、12月，2012年7、8、11月。其中，第5根真K线为2011年11月这根，最高为2536点，最低为2319点，中位数2427点，该点位区域便为后来的重要压力区。2013年2月最高为2444点，后在2014年10月突破，牛市展开。如图1-31所示。

从1849点开始，市场迎来了融资高潮期，25个月的时间上涨了3300点（图1-32），共9根真K线，分别为：2013年6月，2014年9、10、11、12月，2015年2、3、4、5月。其中第5根真K线为2014年12月这根，其最高为3239点，最低2665点，中位数2952点。后市行情调整就在这中位数附近止跌。如图1-33所示。

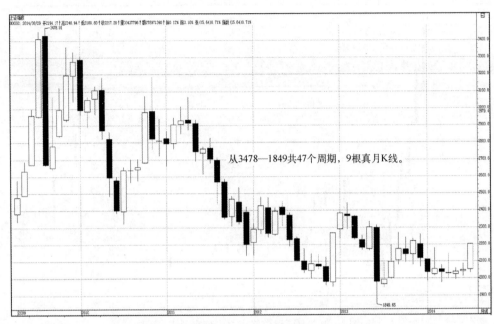

图 1-30　上证指数 2009—2013 年熊市之真月 K 线图

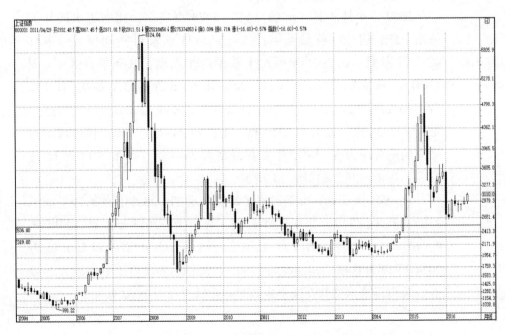

图 1-31　上证指数熊市之中位真月 K 线图

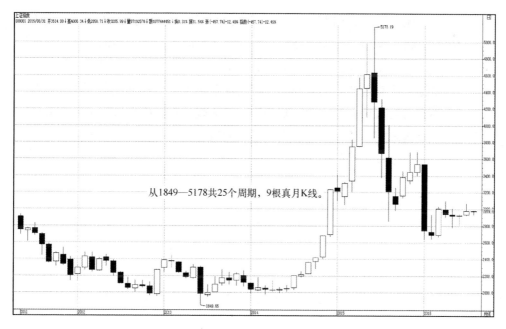

图 1-32　上证指数 2013—2015 年上升真月 K 线图

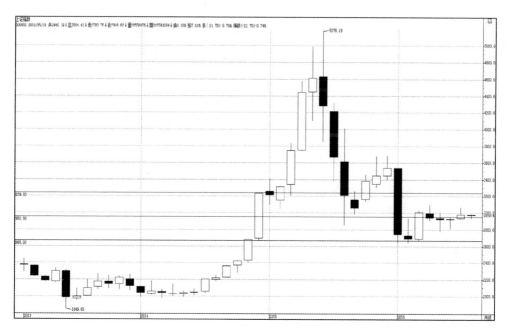

图 1-33　上证指数熊市之中位真月 K 线图

　　抛去繁杂，回归自然，你会发现自己的内心宁静祥和；你会发现，市场不会再复杂，简单得让幼儿园小朋友都会数数的程度。月线如此，日线如此，周线也是如此。本次对 K 线的创新性地提出可以说是抛去所有繁杂而留其精华，不仅仅解决了大趋势问题，更重要的是不必再为所谓的名称而伤脑筋。如果你能从瓦砾中陶取钧窑，从 K 线中领悟思想，那么你将会走向康庄大道。

第二章

周期循环

江恩是第一个用精确的数学方法把时间分析与价格分析结合起来的投资家，是第一个系统地分析和使用周期理论的投资家。他彻底地完善了市场三要素：时间、价格、成交量。这是江恩先生对投资界的巨大贡献。

在 K 线世界里，实际上只有两个东西左右着市场，一个是价格，一个是时间。价值依托价格显现，价格依托时间永续。

西方有句占话：假如你看到了天空的模样为什么你不发现时间的信号呢？这句话就是江恩先生灵感的来源，这句话使江恩创出了一个伟大的理论。

关于时间的解释，江恩花了大量的篇幅。他指出：时间是决定市场走势的最重要的原因，经过详细研究大势及个股的过往记录，你将发现历史确实重复发生。而了解过往，你将可以预测将来。

"凡事都有定期，天下万物都有定时。生有时，死有时；栽种有时，拔出所栽种的也有时；杀戮有时，医治有时；拆毁有时，建造有时；哭有时，笑有时；哀恸有时，跳舞有时；抛掷石头有时，堆聚石头有时；怀抱有时，不怀抱也有时；寻找有时，失落有时；保守有时，舍弃有时；撕裂有时，缝补有时；静默有时，言语有时；喜爱有时，憎恨有时；争战有时，和好有时。"

何谓时间呢？时间是一个较为抽象的概念，是物质的运动、变化的持续性、顺序性的表现。时间概念包含时刻和时段两个概念。时间是人类用以描述物质运动过程或事件发生过程的一个参数，确定时间，是靠不受外界影响的物质周期变化的规律。

何谓周期？百度搜索可知，事物在运动、变化过程中，某些特征多次重复出现，其第一次开始至结束的这段时间就称为"周期"。

江恩在交易过程中，发现时间周期对价格影响的秘密，由此展开了深入研究，并历史性地创造出了一个神奇的理论，时间之轮由此展开了历史性的新篇章。实际上，在投资市场发展的过程中，有很多人参与了周期研究，比如康德拉季耶夫周期等。在展现形式上基本呈现了粗犷的形式，多数以年为单位，进行大周期预测，而江恩对周期的研究已经远远超过了历史上任何一位周期研究者，可以说江恩是现代经济周期循环的奠基人。

时间之轮无始无终，从上古到现在一刻也未停息过，过去是，将来也是。江恩在《空中隧道》中罗伯特写给肯耐渥先生的短文这样解释：

正像天文学家进行的预测一样，我使用几何学、数学这些永恒不变的法则进行预测。我的计算（测）是以循环理论和数学方程为基础，历史将会重现。这就是我反复强调的观点——预知未来，你必须先要知道过去曾经发生过什么，并且站在一个正确的起点上。

"已发生的，还将发生；已做的，还将做；同一个太阳下，没有新的东西。过去即是现在，现在过去已有。"

这再清楚不过地表明，任何事情都按照固有的周期循环发生，股票市场也不例外。

请记住，宇宙万物都处在周期性循环运动之中，不论是具体的还是抽象的、物质的还是精神的，包括你的想象也可以构成循环，经过数年，你将得到这些结果，或好或坏，完全按照你当初想象的那样。这正是我们要掌握的真理，有了它，世界会变得更加美好。

预测股票市场或任何未来事件的方法，都要重视其历史，并努力发现我们正处在什么样的循环中，据此指出其未来的轨迹。未来不过是市场运动的再现。伟大的波动法则就是建立在波的相似性原理上，即相近的原因产生相近的结果。无线电、电话及收音机的发明都归功于这一法则。制约使用这种数学法则对未来进行预测的唯一因素，是不能正确地理解和掌握历史的数据、资料。如果你站在正确的起点上，又知道再现历史的循环，那么预测 100 年甚至 1000 年将会同预测 1 年或者 2 年一样简单。

人们可能要问："你怎样预测未来循环?"我预测未来循环时强调，最重要的事情是要有一个正确的开始，如果我们有一个正确的开始，就将得到一个正确的结束；如果我们知道结果的起因，也就不会对未来的事件和结果有任何疑问。

我总是在寻找事件的原因，一旦我确认了原因，我就可以肯定我预测未来事件的结果。可是，我并不想解释循环的原因。即使我做出解释，一般大众也并不会接受，不能理解，不会相信。

在每项自然法则中，都包括主要和次要，正、负和中性。所以，对于循环也存在着小型、大型和中型循环，或者说循环中的循环。

时间是证明一切事情的最重要的因素。时间的量度基于地球围绕其轴线的自转，4 分钟循环是最小的循环，是事物不断重复自身的最活跃的一种频率。其原因是地球每自转 1 度需要经历 4 分钟；另一个循环为 24 小时，是地球完成 1 周自转需要的时间，也是人们经历 1 天的循环；还有一个重要的循环为 1 年，是地球绕太阳 1 周的时间，1 年中出现四季的变化。以上这些都属于次级的循环。

让我们来看看江恩自己对周期循环讲了些什么：

第一，预测未来研究历史，并且要知道我们处于哪种循环之中，找到一个正确的新的起点。

第二，指出了伟大的波的法则就是建立在波的相似性原理上，相近的原因产生相近的结果。预测 100 年与预测 1 年一样简单。

第三，寻找正确的开始非常重要，只有寻找到正确的开始才能够寻找到正确的结束。

第四，寻找事件的原因。

第五，循环中套着循环，大周期中有小周期循环。

通过研究，笔者惊奇地发现，不论是历史、国家，还是企业，以及 K 线世界展现出来的历史周期，它们的再现性的确让人吃惊。笔者还研究了中国的历史进程表现，不论是战争，还是灾难，均呈现出精准的、有规律的周期再现。

企业的进程在研究 K 线本身的同时，集合企业本身的周期性更能精确地知道上市企业的爆发点。

笔者还认为，事件的历史周期与事件的本身所产生的周期连续不断地形成周期冲击波，一波一波地无休止地前进着，在这过程中产生共振与分蘖。正如时间一样，从未停止脚步，也从未想休息一刻钟。

笔者有时候真的怀疑，市场究竟是谁在主导？市场很明显是由人构建而成，自然是有人在酝酿与把控，但这些酝酿与把控，从某种层面上来说，每一次酝酿与把控都是那么的精美，即便是把控的人也不可能把握得如此精确，时间两个字，却让后人用其一生也诉说不完、研究不透。

随着中国股市的建立，不知从何时起，时间之窗一词进入投资者的脑海里，由于波浪理论引进神奇的数字，神奇数字几乎与时间之窗成了一个词，然此时间之窗非彼时间之窗，这一点需搞清楚，时间之窗并非菲波纳奇系数，时间之窗是自然数组成，自然数中包含了菲波纳奇系数，时间之窗不是固定的，时间之窗是随着时间之门在进程中不断变化，时间之窗是在不断变化中产生神奇，否则固定周期会损掉时间之窗的内涵。自然数是怎样循环的呢？让我们看看轮中轮与其他图形的排列顺序。如图 2-1 至图 2-3 所示。

不论是六角形、四方形还是轮中轮，它们都是逆时针排列，至于为什么这么排列自有其道理，江恩没有说得很明白，可我们的老祖宗在上古时代就讲：数往者顺，知来者逆。这就是逆时针排列的实质。在运用中所有的软件都提供我们所需时间，它们排列顺序为：年、月、日，这就是我们看到的顺序。如果按"数往者顺，知来者逆"的原则，我们看时间的顺序应为日、月、年，看完了日观月，看完了月再观年，循环就这么往复。如果将其化成公式则为 A—B—C，或换为 C—B—A。不过，即使这样告诉你，你还会遇到麻烦，因为 ABC 是个可变数，这里关系到一个数灵学（numerology）的问题。数灵学在欧

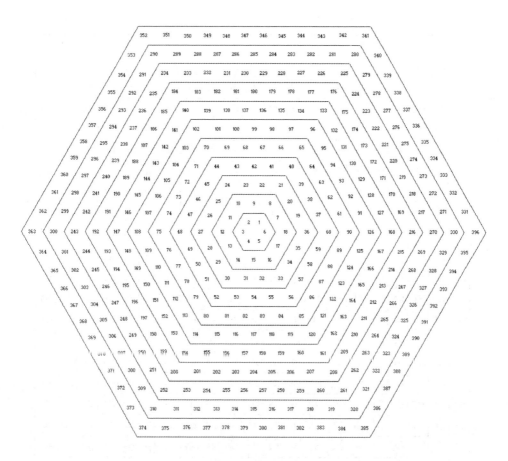

图 2-1　六角形图

洲是西方的命理学(我国《周易》里就有，只是没有单独提出来)，其应用法则是讲所有的数字最终都可以缩减为 1~9 之间的某一个数上。根据这个原则我们可以把过多的数字换转为一个数字或两个数字，例如，1998 年的 1998 可以换转为 27，也可以换转为 9，这就需要研究者根据实际情况灵活运用，如果你牢记时间循环不能固化，时间之窗不能固化，那么你顽固不化的思路就已经开始转变了，你的黎明就要来了。

下面，笔者将上证指数的月循环列出来，以便我们好好地理解与认识。

381	382	383	384	385	386	387	388	389	390	391	392	393	394	395	396	397	398	399	400	401
380	307	308	309	310	311	312	313	314	315	316	317	318	319	320	321	322	323	324	325	402
379	306	241	242	243	244	245	246	247	248	249	250	251	252	253	254	255	256	257	326	403
378	305	240	183	184	185	186	187	188	189	190	191	192	193	194	195	196	197	258	327	404
377	304	239	182	133	134	135	136	137	138	139	140	141	142	143	144	145	198	259	328	405
376	303	238	181	132	91	92	93	94	95	96	97	98	99	100	101	146	199	260	329	406
375	302	237	180	131	90	57	58	59	60	61	62	63	64	65	102	147	200	261	330	407
374	301	236	179	130	89	56	31	32	33	34	35	36	37	66	103	148	201	262	331	408
373	300	235	178	129	88	55	30	13	14	15	16	17	38	67	104	149	202	263	332	409
372	299	234	177	128	87	54	29	12	3	4	5	18	39	68	105	150	203	264	333	410
371	298	233	176	127	86	53	28	11	2	1	6	19	40	69	106	151	204	265	334	411
370	297	232	175	126	85	52	27	10	9	8	7	20	41	70	107	152	205	266	335	412
369	296	231	174	125	84	51	26	25	24	23	22	21	42	71	108	153	206	267	336	413
368	295	230	173	124	83	50	49	48	47	46	45	44	43	72	109	154	207	268	337	414
367	294	229	172	123	82	81	80	79	78	77	76	75	74	73	110	155	208	269	338	415
366	293	228	171	122	121	120	119	118	117	116	115	114	113	112	111	156	209	270	339	416
365	292	227	170	169	168	167	166	165	164	163	162	161	160	159	158	157	210	271	340	417
364	291	226	225	224	223	222	221	220	219	218	217	216	215	214	213	212	211	272	341	418
363	290	289	288	287	286	285	284	283	282	281	280	279	278	277	276	275	274	273	342	419
362	361	360	359	358	357	356	355	354	353	352	351	350	349	348	347	346	345	344	343	420
441	440	439	438	437	436	435	434	433	432	431	430	429	428	427	426	425	424	423	422	421

图 2-2　四方形图

1990. 12. 31—1993. 7—1994. 7—1995. 4—1996. 1—1996. 2

1994. 7. 29—1996. 12—1997. 7—1997. 11—1998. 8—1999. 5—1999. 6

1999. 2. 9—1999. 11—2000. 1—2000. 10—2001. 7—2002. 4—2002. 5

1993. 2. 26—1993. 3—1993. 12—1994. 9—1994. 12—1995. 2—1997. 4

1997. 5. 30—1997. 6—1998. 3—1998. 12—1999. 7—1999. 12—2002. 6

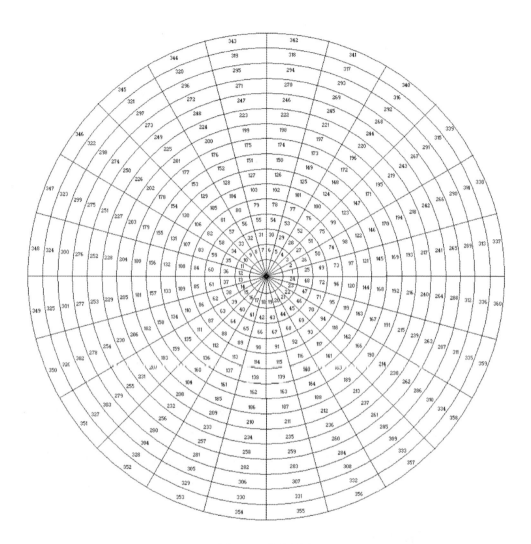

图 2-3 轮中轮图

仔细观察上述列表所列出的时间以及市场的表现(图 2-4),你会领悟更多的东西。

实际上,上证指数月线图表循环是周期图表中的一种形式而已,周期分为自然周期、线性周期、指标循环周期,以及顺逆周期等。

图 2-4　1990—2002 年上证指数月线循环图

1. 自然周期

2015 年 6 月上证指数见顶出现大幅下跌后，市场从 8 月 26 日展开反弹，反弹至 2015 年 12 月 23 日，见到 3684 点，上证指数从 3684 点开始回落，23 日为 23 天，市场连续下跌 24 天见底，超出 1 天，市场在 2016 年 1 月 27 日见底，27 天后再次形成最佳进场点。如图 2-5 所示。

2. 线性周期

线性周期是根据某条均线系统或者其他线性系统形成的周期。

比如以上案例，市场在 2015 年 12 月 31 日跌破 20MA，市场开始计算 20MA 周期，到 2016 年 1 月 28 日完成 20MA 线性周期，这是个重要的底部形成。指标周期与线性周期类似，关键是要看参数是多少。如图 2-6 所示。

2015年12月23日

23天后市场见到最低点2638点，2638为2016年
1月27日，27天后又见到一次最佳买入点

2638.30

图 2-5　上证指数 2015 年 12 月自然周期图

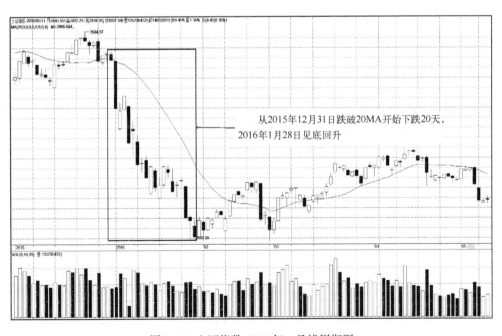

从2015年12月31日跌破20MA开始下跌20天，
2016年1月28日见底回升

图 2-6　上证指数 2016 年 1 月线周期图

3. 顺逆周期

顺逆周期是一种以历史为基准的计算周期的方式，这种方式实战力量之强大是其他周期不可比的。它是以一种对称方式展现，很多投资高手均出现运用这种方法进行操作。

案例：1998 年 8 月 18 日见到 1043 点开始反弹，逆推上一个转折周期为 9 天，13 天，后市均在第 9 天与 13 天出现比较重要的转折点。如图 2-7 所示。

图 2-7　上证指数顺逆周期图

以上叙述的三种周期，顺、逆与线性周期均有良好的实战性，如果将你使用的指标套用线性周期的特点，你将会在指标领域里发现另一扇大门。

让人眼晕的历史循环。雅典一幕再现(图 2-8)！埃蒙斯最后一枪出现失误，中国选手邱健夺魁。2008 年 8 月 17 日，男子 50 米步枪三种姿势决赛展开激战，4 年前因为最后一枪脱靶而无缘金牌的埃蒙斯再次再出现失误，他在最后一枪领先 3.3 环的大好优势下，仅打出

4.4 环，邱健凭借最后一枪打出 10.0 环赢得金牌，这是令人大跌眼镜的一幕，同样的主人公——埃蒙斯，同样的最后一枪，同样是中国选手捡了便宜。这说明什么？历史实在太可怕了，你我生在五行中，跳不出三界外，历史循环的足迹也一定在你我身上上演。

图 2-8　埃蒙斯雅典一幕再现

若在办公室内墙上挂一个钟表，仔细琢磨琢磨，人生是过了子时过丑时，过了丑时过寅时，过了初二过初三，在市场预测领域却是过了 15 时，过 14 时，再过 13 时……过 9 时 30 分。

电子表盘虽好，却失去了太多，远不如这种机械表盘(图 2-9)。

图 2-9　机械表表盘

在本书中笔者尽量用实例的方式，以事实说话，少用理论性的东西，这样会省去读者大量的时间。看看书店里多如牛毛的厚厚理论书籍，有引进的，有自创的，价值几何？无人知晓。当你看完本章后，相信你此时对周期的理解会有拨云见日的感觉。告诉你，美妙的路才刚刚开始。

第三章

四方形

　　说到四方形，我首先想到是四合院，想到的是故宫形式的建筑。四合院是中国北方的传统式建筑，其格局为一个院子四面建有房子，从四面将庭院围在中间，大部分以天井为中心（图3-1），四合院在我国已经有 3000 多年的历史了。古代城池大多也是四方形。

图 3-1　中国四合院建筑图

　　若你进了大门口，想绕一圈看看院子，则你要顺着墙走一个四方形后才能回到起始点，不论你是顺时针或者逆时针，你走一圈，实际上就是走了一个四方形，这就是一个典型的四方形运行法。当然，这是一种实体上的运行法则，也是一个典型的四方形排列法则。若如此理解四方形，则你就会抓住四方形的法门了。

　　四方形作为江恩比较重要的图表之一，有着非常独特的作用与分析思路，世间万物均有其自己的法则，借鉴其法则是我们研究事物的最佳途径，这就是老祖宗所说的格物。几何图形同样有着自己的法则，从上学时老师就不断地教导我们这些法则，可我们很少用到自己的研究之中。即便是用，也相对较少，特别是我们太熟悉天天看到的东西，因为人性就是对天天看到的东西往往给忽略了。

　　利用单数及双数的四方形，我们不但可以证明市场走势，更可以知其成因。这是江恩先生对四方形的解释。

　　各位读者，看看图3-2和图3-3，这两幅图如出一辙，只不过图3-2是数字与角度，而图3-3却是我们老祖宗的《周易·说卦传》的八

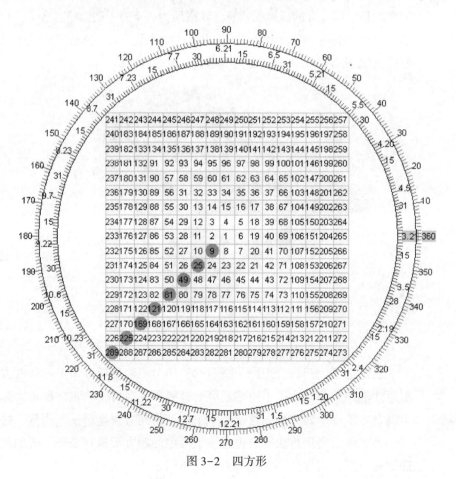

图3-2　四方形

卦图位。我有时候真的怀疑江恩是否来过中国或看过《周易》与中国历法，江恩在《江恩华尔街45年》中讲述的一年中重要月份及其转折时间就是活脱脱的廿四节气的时间，这种想法一直在我心头缠绕。话又说回来了，连外国人都来中国取经，为什么我们对老祖宗的东西就那么不珍惜呢？

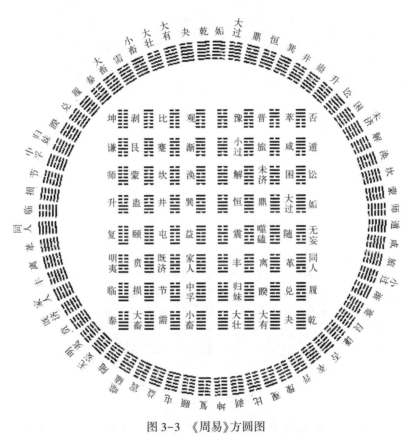

图3-3 《周易》方圆图

江恩四方形有两种，这第一种是四合院型，以围而成，而成围城。第二种便是插秧势的排列法，不论你是横着插秧，还是竖着插秧，不断地有规则地排列着，这就是典型的数字排列第二种方法。

图3-4的插秧与图3-5的数字排列有什么不同吗？没有什么不同，只不过图3-4是秧苗，而图3-5这幅图是数字，秧苗变成了数字而已。这样，一个简单的算术题就出来了，这块地可以插多少秧苗？

图 3-4　水稻插秧图

1	10	19	28	37	46	55	64	73
2	11	20	29	38	47	56	65	74
3	12	21	30	39	48	57	66	75
4	13	22	31	40	49	58	67	76
5	14	23	32	41	50	59	68	77
6	15	24	33	42	51	60	69	78
7	16	25	34	43	52	61	70	79
8	17	26	35	44	53	62	71	80
9	18	27	36	45	54	63	72	81

图 3-5　插秧式四方形图

　　图 3-6 显示的四方形是几何四方形的具体体现。黄栢中先生有一个重要的论述：若一个大的上升趋势以某价位为起始点的话，那么这个上升趋势很可能会在这个价位的平方处结束。若一个大的下降趋势以某价位开始，那么这个下跌浪的终点很可能会在该价位的开方化整处。这是一个重要的论述，这两点在中国股市里有许多表现，具体情况如下。

　　上证指数 1992 年 5 月 26 日大盘见顶回落，最高为 1429 点，开方为 37.8 点化为 378 点。11 月 17 日最低见 386 点，相差 8 个点。如图 3-7 所示。

183	184	185	186	187	188	189	190	191	192	193	194	195	196	197
182	133	134	135	136	137	138	139	140	141	142	143	144	145	198
181	132	91	92	93	94	95	96	97	98	99	100	101	146	199
180	131	90	57	58	59	60	61	62	63	64	65	102	147	200
179	130	89	56	31	32	33	34	35	36	37	66	103	148	201
178	129	88	55	30	13	14	15	16	17	38	67	104	149	202
177	128	87	54	29	12	3	4	5	18	39	68	105	150	203
176	127	86	53	28	11	2	1	6	19	40	69	106	151	204
175	126	85	52	27	10	9	8	7	20	41	70	107	152	205
174	125	84	51	26	25	24	23	22	21	42	71	108	153	206
173	124	83	50	49	48	47	46	45	44	43	72	109	154	207
172	123	82	81	80	79	78	77	76	75	74	73	110	155	208
171	122	121	120	119	118	117	116	115	114	113	112	111	156	209
170	169	168	167	166	165	164	163	162	161	160	159	158	157	210
225	224	223	222	221	220	219	218	217	216	215	214	213	212	211

图 3-6　金字塔式四方形图

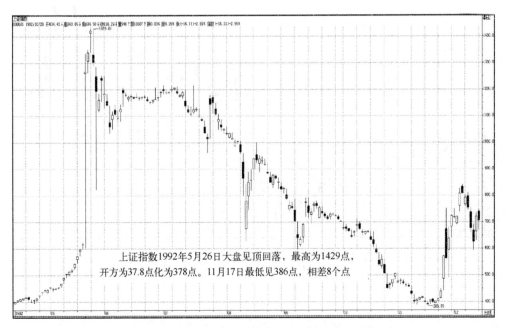

上证指数1992年5月26日大盘见顶回落，最高为1429点，
开方为37.8点化为378点。11月17日最低见386点，相差8个点

图 3-7　上证指数 1993 年第一次熊市高点开方图

1994 年 7 月 29 日上证指数见 325 点，325 点平方化为 1056 点，9 月 13 日见 1052 点，相差 4 个点。如图 3-8 所示。

1998 年 6 月 4 日上证指数见 1422 点，反弹结束，1422 点开方化为 377 点，1422-377＝1045 点，8 月 18 日大盘见底，当日最低价为 1043 点，相差 2 个点。如图 3-9 所示。

1999 年 6 月 30 日大盘见 1756 点，开方后化为 419 点，1756-419＝1337 点，12 月 27 日大盘见 1341 点见底，相差 4 点，应该说这是一个非常美妙的方法。如图 3-10 所示。

四方形的用法：如图 3-11 所示的插秧式四方形，此类四方形是江恩重要的四方形之一，这类四方形就是以某个数字的平方为结束点，这一点非常重要。某个数字的下一位是参考未来拐点的重要法则。

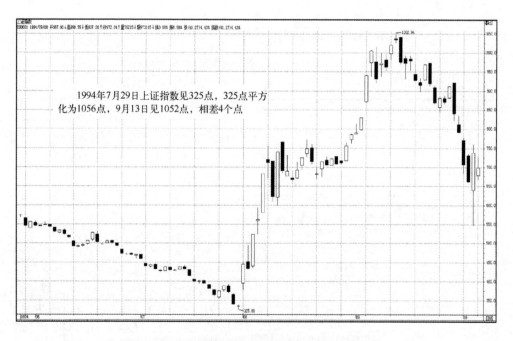

图 3-8　上证指数 1994 年 7 月 29 日 325 点平方图

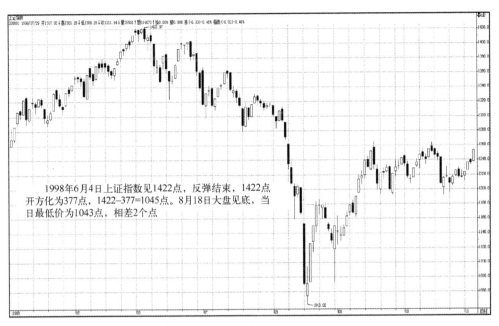

图 3-9 上证指数 1998 年开方图

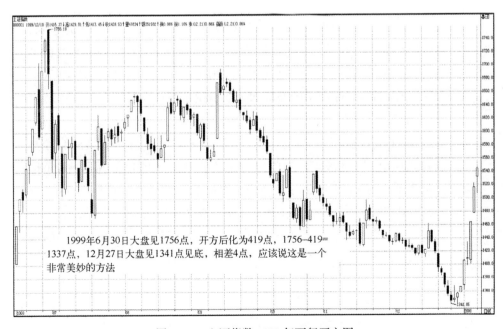

图 3-10 上证指数 1999 年下行开方图

12	24	36	48	60	72	84	96	108	120	132	144
11	23	35	47	59	71	83	95	107	119	131	143
10	22	34	46	58	70	82	94	106	118	130	142
9	21	33	45	57	69	81	93	105	117	129	141
8	20	32	44	56	68	80	92	104	116	128	140
7	19	31	43	55	67	79	91	103	115	127	139
6	18	30	42	54	66	78	90	102	114	126	138
5	17	29	41	53	65	77	89	101	113	125	137
4	16	28	40	52	64	76	88	100	112	124	136
3	15	27	39	51	63	75	87	99	111	123	135
2	14	26	38	50	62	74	86	98	110	122	134
1	13	25	37	49	61	73	85	97	109	121	133

图 3-11　插秧式四方形图

比如以 12 的四方形，12 可为 12 天，下一个拐点时间就是 24，36，48 等。11 的下一个拐点就是 23，35，47 等。要以一个重要的转折点到另一个转折点的时间为准则。比如，从某个底部上升 12 天后见一个顶部，如此产生的循环如上面所说进行往复。

举例：在图 3-12 中，上证指数 1994 年 7—9 月共运行 3 个月，在 12 四方形里面，3 后面是 15，从 1994 年 9 月运行 15 个月是 1995 年 12 月。1996 年 1 月为重要的底部开始时间。从 1996 年运行 27 个月为 1998 年 3 月，是个重要的底部起始点。再运行 39 个月为 2001 年 6 月见大顶。这就是江恩非常看重 9 的四方形与 12 的四方形的原因。一个重要的四方形要在平方数结束，这才是排列的关键所在。

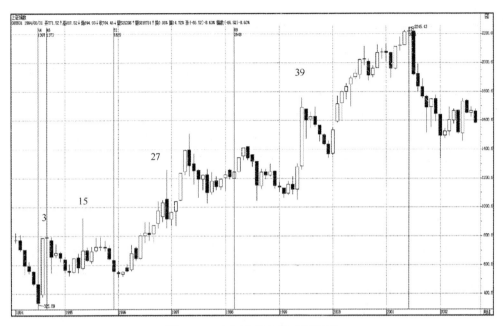

图 3-12　上证指数插秧式周期图

关于这个螺旋四方形，需要查看该数字周期在哪个四方形之行列中，比如，1998 年 6 月 4 日下跌 54 个交易日，位于 9 字四方形之第四个周期四方形之列，如图 3-13 所示。

未来的转折点需要在这个四方形里去寻找。从 8 月 18 日上升运行 64 天，在 11 月 17 日见到 1300 点后出现回落，而 65 刚好在拐弯处（图 3-14）。从 1998 年 11 月 17 日运行 83 天为 2 月 8 日，而 82 天为结合拐点处（图 3-15.），市场自然拐点出现。此四方形核心是围，就是城墙的拐角处。若你能结合波动率来设定四方形，市场将会更加精确。

在以上这个案例中，还有可挖掘的东西存在。若你有心，可继续去挖掘。

1997 年 5 月 1510 点开始熊市，5 月是开始月是 1，2 是 6 月，3 是 7 月，5 对应 9 月，9 月见 1025 点回升。

1997 年 9 月见 1025 点开始回升，9 月是开始月是 1，9 对应 1998 年 5 月。

图 3-13　金字塔式四方形图

1998 年 6 月见 1422 点回落，6 月是开始月是 1，6 对应的是 1998 年 11 月。

1998 年 8 月见 1043 点回升，8 月是开始月是 1，8 对应的是 1999 年 3 月。

1999 年 5 月见 1047 点回升，5 月是开始月是 1，5 对应的是 1999 年的 9 月。

1999 年 6 月见 1756 点回落，6 月是开始月是 1，6 对应的是 1999 年 11 月。

65	64	63	62	61	60	59	58	57
66	37	36	35	34	33	32	31	56
67	38	17	16	15	14	13	30	55
68	39	18	5	4	3	12	29	54
69	40	19	6	1	2	11	28	53
70	41	20	7	8	9	10	27	52
71	42	21	22	23	24	25	26	51
72	43	44	45	46	47	48	49	50
73	74	75	76	77	78	79	80	81

图 3-14　金字塔式四方形图

1999 年 12 月见 1341 点回升，12 月是开始月是 1，12 对应的是 2000 年 11 月。

以上这些月份除 1999 年 11 月外，其他都是重要的转折月，又是四方形的另一用法。使用这个方法可以轻而易举地知道未来在哪个月有重要转折点。

四方，四方，围而四方。江恩四方形是时间四方形，这也是最根本的四方形，是最要命的四方形。时间简单得不能再简单，日用而无查，却因排列不同而产生不同的效果。

257	256	255	254	253	252	251	250	249	248	247	246	245	244	243	242	241
258	197	196	195	194	193	192	191	190	189	188	187	186	185	184	183	240
259	198	145	144	143	142	141	140	139	138	137	136	135	134	133	182	239
260	199	146	101	100	99	98	97	96	95	94	93	92	91	132	181	238
261	200	147	102	65	64	63	62	61	60	59	58	57	90	131	180	237
262	201	148	103	66	37	36	35	34	33	32	31	56	89	130	179	236
263	202	149	104	67	38	17	16	15	14	13	30	55	88	129	178	235
264	203	150	105	68	39	18	5	4	3	12	29	54	87	128	177	234
265	204	151	106	69	40	19	6	1	2	11	28	53	86	127	176	233
266	205	152	107	70	41	20	7	8	9	10	27	52	85	126	175	232
267	206	153	108	71	42	21	22	23	24	25	26	51	84	125	174	231
268	207	154	109	72	43	44	45	46	47	48	49	50	83	124	173	230
269	208	155	110	73	74	75	76	77	78	79	80	81	82	123	172	229
270	209	156	111	112	113	114	115	116	117	118	119	120	121	122	171	228
271	210	157	158	159	160	161	162	163	164	165	166	167	168	169	170	227
272	211	212	213	214	215	216	217	218	219	220	221	222	223	224	225	226
273	274	275	276	277	278	279	280	281	282	283	284	285	286	287	288	289

图 3-15　金字塔式四方形图

繁华万千，不离本源。时间记录的载体不论是沙漏还是钟表，均是以数字呈现出来的，不论是国内的 12 个时辰还是国际通用钟表轮盘（图 3-16），不论是方形还是圆形，均是轮回中的一环，盯紧这个钟表罗盘，循环的秘密就在于此。

时间是圆的也是方的，你按照这个图形排上去就会发现四方形的秘密，真正的秘密。排列最终之数放在平方数上。简单、实用，这是江恩最大的秘密，也是江恩最伟大的发现之一。

难道图 3-17 中的 1 不是金字塔（图 3-18）最高点的那一块石头吗？这些图表不正是实物建筑的数字化吗？有何不同？

领悟天地之理，体察身边之道，验证自然之法，你终将会走上康庄大道。

图 3-16　钟表轮盘

325	324	323	322	321	320	319	318	317	316	315	314	313	312	311	310	309	308	307
326	257	256	255	254	253	252	251	250	249	248	247	246	245	244	243	242	241	306
327	258	197	196	195	194	193	192	191	190	189	188	187	186	185	184	183	240	305
328	259	198	145	144	143	142	141	140	139	138	137	136	135	134	133	182	239	304
329	260	199	146	101	100	99	98	97	96	95	94	93	92	91	132	181	238	303
330	261	200	147	102	65	64	63	62	61	60	59	58	57	90	131	180	237	302
331	262	201	148	103	66	37	36	35	34	33	32	31	56	89	130	179	236	301
332	263	202	149	104	67	38	17	16	15	14	13	30	55	88	129	178	235	300
333	264	203	150	105	68	39	18	5	4	3	12	29	54	87	128	177	234	299
334	265	204	151	106	69	40	19	6	1	2	11	28	53	86	127	176	233	298
335	266	205	152	107	70	41	20	7	8	9	10	27	52	85	126	175	232	297
336	267	206	153	108	71	42	21	22	23	24	25	26	51	84	125	174	231	296
337	268	207	154	109	72	43	44	45	46	47	48	49	50	83	124	173	230	295
338	269	208	155	110	73	74	75	76	77	78	79	80	81	82	123	172	229	294
339	270	209	156	111	112	113	114	115	116	117	118	119	120	121	122	171	228	293
340	271	210	157	158	159	160	161	162	163	164	165	166	167	168	169	170	227	292
341	272	211	212	213	214	215	216	217	218	219	220	221	222	223	224	225	226	291
342	273	274	275	276	277	278	279	280	281	282	283	284	285	286	287	288	289	290
343	344	345	346	347	348	349	350	351	352	353	354	355	356	357	358	359	360	361

图 3-17　金字塔式四方形图

图 3-18　金字塔

第四章
六角形

　　说到六角形，我们首先想到的是中国的佛塔建筑（图4-1）。现在六角形建筑相对较少，只有寺庙中佛塔使用比较多，佛塔在中国是比较常见的一种建筑形式，佛塔最初是用来供奉舍利、经卷或法物的。笔者曾经多次爬过佛塔，假如你要去佛塔顶部，需要一层一层地爬上去，这一层一层爬的过程，恰恰就是六角形排列的过程，也就是螺旋式上升的结构。这就是为什么江恩说市场是立体的原因所在。江恩正是通过自然古朴的建筑领悟到了四方形、六角形以及轮中轮的法则。

图 4-1　中国六角形塔

六角形的实质是时间与价位图表(图4-2)。

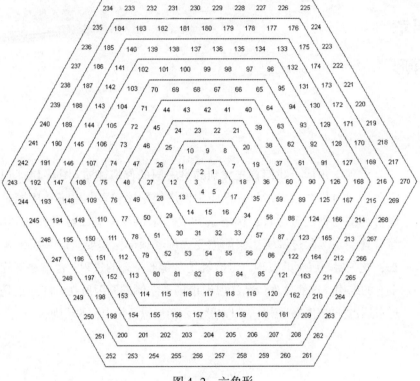

图4-2 六角形

一、六角形的内涵

六角形将360°的圆分割成六份,六个角度,每个角度为60°。六角形的结构由1开始,以逆时针的螺旋方法将数字顺延开来,六角形数字延伸方式如下:

第一循环 1~6,周期增加6;第二循环 7~18,周期增加12;第三循环 19~36,周期增加18;第四循环 37~60,周期增加24;第五循环 61~90,周期增加30;第六循环 91~126,周期增加36;第七循环 127~168,周期增加42;第八循环 169~216,周期增加48;第九循环 217~270,周期增加54;第十循环 271~330,周期增加60。

六角形是时间价位图表,将时间与价位合二为一。时间上六角形按 12 个月分割，以 1 年为基，12 个角度代表 12 个月，每个月 30°代表 30 天，具体如下：

0~30 为 1 月，30~60 为 2 月，60~90 为 3 月，90~120 为 4 月，120~150 为 5 月，150~180 为 6 月，180~210 为 7 月，210~240 为 8 月，240~270 为 9 月，270~300 为 10 月，300~330 为 11 月，330~360 为 12 月。

这是划分月份方法之一，以每年 3 月 21 日春分作为 0°，以每 30°代表一个月的时间。例如：1998 年 1 月 13 日出现的 1110 点位于 9 月的位置，股市在 8 月 31 日又重现了那一幕，是何等的相似，价位与 1 月基本相同。1999 年 6 月 30 日，1756 点位于 30°~60°之间，为 2 月，2000 年 2 月又重见 1756 点，此为另一用法。历史重复发生，利用图表与法则，我们可以了解历史是如何重复发生的(图 4-3)。

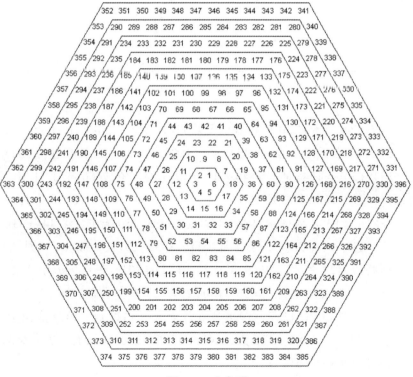

图 4-3　六角形

1043 点(1998 年 8 月 18 日)位于 1026 点之圈，即 18 圈，至 1043

点相差 17 点，18×6+17 = 125，1043+125×2 = 1293 点，在 1998 年 11 月 16 日见 1293 点，次日大盘见顶回落。如图 4-4 所示。

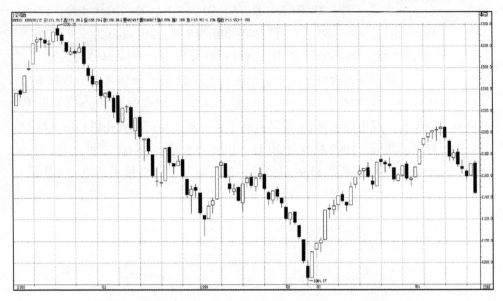

图 4-4　上证指数 1998 年 11 月至 1999 年 2 月 8 日六角形运用

1999 年 6 月 30 日后 180 天见 1341 点位于 20 圈外 81 点，20×6+81 = 201 点，1341+201 = 1542 点，1999 年 12 月 27 日收盘价 1345 点，1345+201 = 1546 点，1546+201 = 1747 点，在 2000 年 1 月 10 日见 1546 点，2000 年 2 月 15 日见 1746 点，2001 年 2 月 22 日见 1893 点，在六角形中为 24 圈，24×6 = 144 点，1893−1800 = 93 点，144+93 = 237 点，237÷6 = 39.5 天，是 4 月 3 日。1893+237 = 2130 点，4 月 3 日最高见到 2129.82 点。1999 年 6 月 30 日的 1756 在六角形中为 23 圈，23×6 = 138 点，1756−1656 = 100+23 = 123 个交易日，即 12 月 27 日，1756−138×3 = 1342 点，1998 年 6 月 4 日见 1422 点，1422 点位于六角形的 21 圈，21×6 = 126 点，1422−1386 = 36，36+21 = 57 个交易日，1422−126×3 = 1044 点。

以上是六角形的秘诀，也是六角形的内涵，愿你好好利用。

2008 年 10 月 28 日见 1664 点，1664 = 17，在六角形的 17 圈，三角形从 1664 点开始(图 4-5)，最外端分别是 2496 点，2530 点，2564

点；从 1664 点开始至 2496 点上升了 832 点，832+2496＝3328 点；从 1664 点开始至 2530 点上升了 866 点，2530+866＝3396 点；从 1664 点开始上升至 2564 点上升了 900 点，2564+900＝3464 点。3328 点开始至 3464 点为危险区域。如图 4-6 所示。

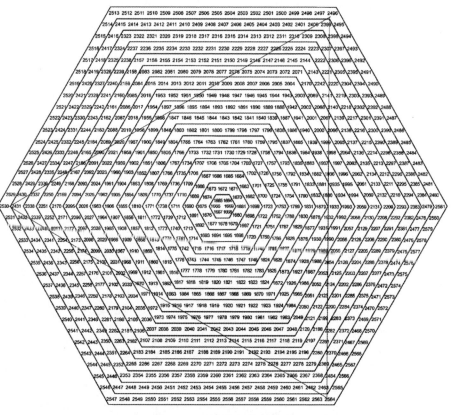

图 4-5　六角形中的三角形

上证指数 1997 年 9 月 23 日见 1025 点，1025＝8 圈（图 4-7），1025 点开始三角形分别指的是 1200 点，1216 点，1232 点，1200-1025＝175 点，175+1200＝1375 点；1216-1025＝191 点，191+1216＝1407 点；1232-1025＝207 点，207+1232＝1439 点。危险区为从 1375 开始至 1439。如图 4-8 所示。

325 点是 1994 年 7 月 29 日上证指数的点位，325＝10 圈（图 4-9），从 325 点开始的三角形分别指的是 604 点，624 点，644 点，

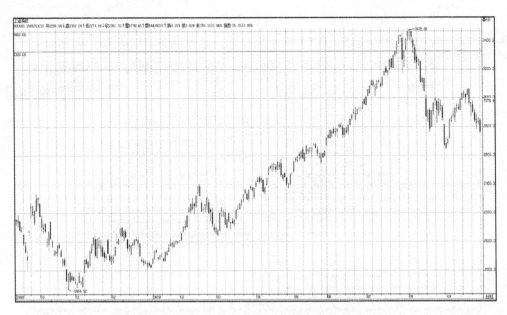

图 4-6　上证指数 2009 年 8 月六角形三角位危险区

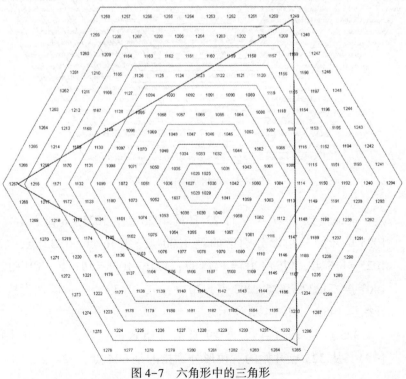

图 4-7　六角形中的三角形

图 4-8　上证指数 1998 年 6 月六角形三角位危险区

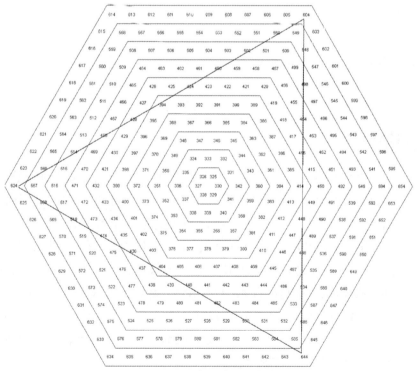

图 4-9　六角形中的三角形

604−325＝279 点，279+604＝883 点；624−325＝299 点，299+624＝
923 点；644−325＝319 点，319+644＝963 点。危险区域从 833 点开始至
963 点。如图 4-10 所示。

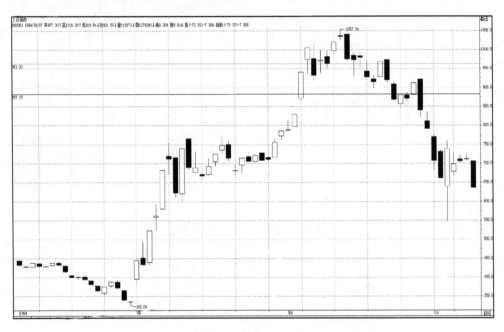

图 4-10　上证指数 1994 年 9 月六角形三角位危险区

二、周期对冲

六角形的另一个应用：周期对冲。1998 年 6 月 4 日上证指数到达
1422 点后形成了 54 天的回落，54 在六角形中对冲形成的时间便是市
场拐点时间。具体情况如下：54 对冲的第一个数字是 9，第二个是
42，第三个是 99，第四个是 180，第五个是 285，等等，从 1998 年 8
月 18 日 9 个交易日为 8 月 31 日，在 K 线形态上形成了一个重要的底
部；从 8 月 31 日起运行 42 天为 10 月 30 日，形成了一个转折底部；
从 10 月 30 日运行 99 天为 1999 年 4 月 7 日，从 4 月 7 日运行 180 天
为 1999 年 12 月 26 日，次日见到底部。精确度之高，非其他所比。
如图 4-11 和图 4-12 所示。

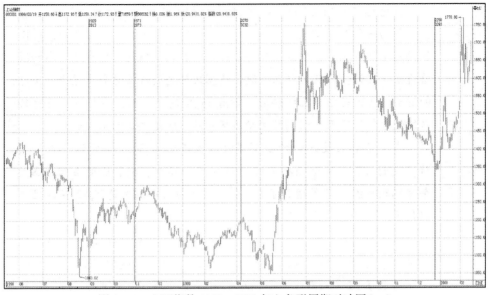

图 4-11　上证指数 1998—1999 年六角形周期对冲图（一）

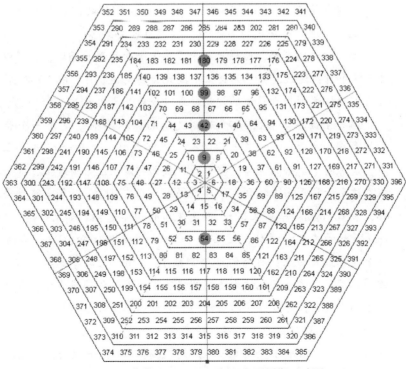

图 4-12　上证指数 1998—1999 年六角形周期对冲图（二）

江恩论述六角形的手稿（来自网络翻译）：

因为任何事物都是循环运动，没有什么东西是直线运动的，所以这幅图是想展示给你角度是怎样在比较高和比较低的价格水平时影响股票价格变化的，以及为什么当股票达到比较高的价格时会出现比较快速的运动。原因是它们已经移动到距离45°角足够远的分离位置，没有什么能使它们停下来，它们的运动自然而然地就是飞速的上或者下。

在六角形里最开始的位置是1，也正好是360°的循环位置。然后，我们放置第1个循环中的循环在这循环中，6个角度后结束第2个循环距离初始位置增加了6，第2循环的结束位置是7，7在这里可以代表重要的年、月、周、日。

第3个循环结束在19，第4个循环结束在37，比上一个循环增加了18，第5个循环结束于61，距离上一个循环增加了24，第6个循环结束在91，距离上一个循环是30，第7个循环结束于127，距离上一个循环是36。

注意到了吧，从第1个循环开始，每次循环之间我们增加6。也就是说，当这种循环进行6次后，我们可以得到36。

如上所讲的那样，这样就结束了第1个六角形的循环，这可以等价于127个月，这就解释了为什么一段大行情会运行10年零7个月，或者直到价格达到了六角形的方形，或者重要的最近的45°角才结束。

第8个循环结束在169，距离先前的循环是42。这是一个非常重要的角度，也是一个非常重要的时间循环成因，它等价于14年零1个月，或者两个7年的循环，重要的顶底点都落在这个角度上，你全都可以在这个六角形图上找到。第9个循环结束在217，距离先前的循环是48，第10个循环结束在271，距离先前的循环是54。如上所说，271是从1开始的第9个循环，是第3个90°，或者270°角，一个圆的3/4，一个非常强大的点！所有的这些都被12方图、被四季的季节循环和9方图证实了，这一点也被六角形图证实了，无论你用多少途径或者从什么方向去演算，这些数字所展示的数学证据总是那么精确。

第11个循环结束于331，距离前一个是60的距离，第12个循环结束于397，结束了全部的六角形，获得从1开始的11个循环，和66的距离。

66个月，或者5年零6个月，标定了一个主要大级别行情的顶点位置。但是要注意，市场经常是在60个月达到顶点，然后出现反方向运动，而头部或底部的第2个顶底位置落在第66个月，一定要注意在12方图上66这个数字的位置！注意它在9方图上的位置是180°角上，所有的这些都证明了这个强大的角度位置。可以选择一个66°的角度，一个在67.5°，一个在68°，确认了这个点对于顶和底或者价格空间的上下移动具有双倍强大的作用。注意在六角形上360°的数字，它代表一个360度的循环终结的位置。从开始点出发这个点出现在图形周围180°的位置上，但从中心点测量，它可以等于一个90°或者180°角，使其成为强大的位置点，非常难以通过，这通常是一个行情的结束或者一个行情的起点。

再次通过中心点就是六角形图的1这个位置，注意7，19，37，61，91，127，169，217，271，331和397都在这个方向的角度上，这些点是测量时间循环的重要位置！从1开始，跟随着其他的角度，标定2，9，22，41，66，97，134，177，226，281和342，都是同样规则落在90°角上，或者60°和240°上。

仔细检查这些图和这些图上的每一个重要角度你会发现，为什么在日、周、月和年上出现价格抵抗？为什么股票会依照时间在这些强大和重要的点上停下来并出现顶底？当一些股票的价格通过并超越了120°，特别是超越了127°和127点，并且跳出了第一个六角形中的方形，它的波动将变得更快速疯狂，更加快速地涨跌！注意在中心附近从66滑到7，它将撞击180°或90°，但是当股票跳过162点，在撞上另外一个强的角度线之前它们可以达到169，这就是股票从时间的中心开始运动，在比较高的价格上发生快速上下运动的原因。

记住，任何事情都是要寻找一个引力中心，重要的顶和底的形成都是遵照一个价格中心和一个可测量的时间中心点，一个基准或起点，或者某个顶部和底部，一个角度形成直接的向上或者穿越交叉，可能形成一个同样的在股票运行的日、周、月和年的穿越和交叉。因而，当一只股票越过22.5，将打穿一个22.5的角度线，而当那些角度线被打破股票就会涨得更高，就会碰到更大的阻力。下跌过程的法则刚好相反。

市场的运行模式类似其他普通事物的增长模式，这就如你要建筑一栋大楼，你先要打好地基，然后才能在地基上面盖四面墙。不过，还没有完，这只是最低限度，你还得在这四面墙上盖上房顶。四方形和六角形可以完全证明市场时间和空间的运行原因和规律，你可以想象在市场里建造一个建筑物，你需要根据四边形或者六角形来建造四面墙。四面墙有四个面向，有地基(底部)和房顶(顶部)，这不是市场中的一个立方体吗？

假设一个超过 20 年的市场循环，第一个 60°或者说 5 年时间，是立方体的基础构筑部分，第二个 60°运行到 120°，将结束第一个角度循环，或者第一个循环超过了而后形成 10 年的循环，第三个 60°，是第二个循环结束的位置，它将结束于 15 年或者 180°角的位置，这是一个非常关键的位置。好像我们房子盖到了一半，而碰到资金困难，这种困难会阻止你继续下去。第四个 60°，或者是说 240 个月，或者说是 20 年循环的结束位置，它是第三个循环的结束位置，这就好像我们已经完成建筑工程的 2/3 一样，将是一个几乎无法超越的位置，足以结束 20 年的循环而形成顶点的第五个 60°，或者是说 300°角，300 点，300 日，或者 300 月，完成了 25 年。重复第一个 5 年循环！这个 5 年将彻底结束我们所建筑的四面墙，是一个重要的角度。第六个 60°，或者说 360°，是时间因素规则中 30 年循环的终点。在一个 45°角的位置上每个月运行 1°的时候，市场完成顶部，这时一个立方体完成了，而一个新的又重复开始。把我上述的观点和六角形图结合起来学习，将对你的理解非常有帮助。

1931 年 1 月，威廉·戴伯特·江恩

以上是江恩给其学生回信中对六角形的亲笔论述，江恩在这篇手稿中解释了一个重要原则，那就是将市场看作为立体的而不是平面的，不再是上涨与下跌，不再只是曲线。任何事情都是要寻找一个引力中心，重要的顶和底的形成都是遵照一个价格中心和一个可测量的时间中心点。这句话可圈可点，里面隐含了一个重大的秘密，那就是当一只股票越过 22.5 点，或将打穿一个 22.5°的角度线，它就会涨得更高。当一些股票的价格通过并超越了 120°角度线，特别是超越了

127°或127点，并且跳出了第一个六角形中的方形，它的波动将变得更快速，更加快速地涨跌！这句话透露了一个非常重要的实战法则。

在中国，6是个吉祥的数字，六六大顺，便集中体现了6的内涵。从1到126完成6圈，126刚好处于6圈与7圈的交界处，126便赋予了更多的内涵。126，这是6的第一次飞跃，第二次在468处，第三次在1026处。每一次增加6圈，便是一次凤凰涅槃，便是一次质的飞跃。如图4-13所示。

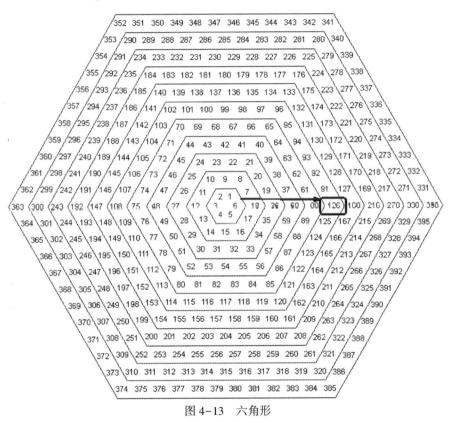

图4-13　六角形

1996年1月，上证指数到达512点的历史低点，结束了长达3年的大熊市，展开了第一次真正意义上的以绩优股(四川长虹、深发展)为主的大牛市。从512点上涨26%为645点，1996年4月24日突破该点位后市场有所反复，直到6月4日突破该区域后，才正式宣告真正的突破。6月4日前至4月24日之间便是一个最佳的进场区域，如图 4-14 所示。经过三次质变成为重要的大底部，如图 4-15 所示。

图 4-14　上证指数六角形"126"市场变化图

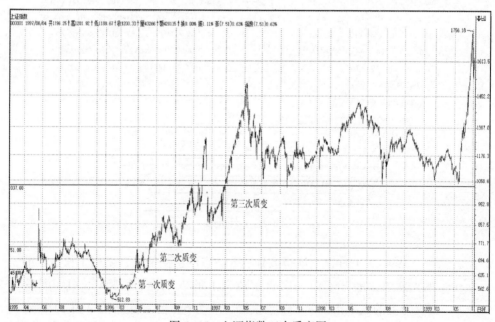

图 4-15　上证指数三次质变图

2005年6月6日，上证指数见到了998点历史低位，这个点位也正是宣告长达49个月的下跌周期结束日，在哀鸿遍野的悲鸣中，上证指数从998点开始逐渐走强，不断地创出新高，2006年1月25日，市场突破关键位置1257点，当日收盘1258点，经过27天的震荡，在3月13日完成该区域的确认，由此展开了截至目前有史以来的最大的牛市行情。如图4-16所示。

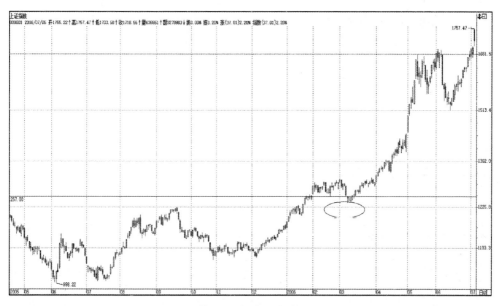

图4-16　上证指数2005年大牛市启动点的"126"位置

2008年全球金融危机后，上证指数从6124点也跌至1664点，历经13个月，跌幅之深，非常少见。金融次贷危机的影响是全球性的，我国也深受其害，政府启动了4万亿的基础建设，从2008年10月28日1664点开始上涨，直到2009年2月4日突破2096点，标志着市场已经转变，经过21天的洗礼，3月4日市场终于出现爆发式上涨行情，由此也展开了一波不小的牛市。如图4-17所示。

当市场从3478点历经4年回到1849点的时候，也是国内的实体经济最困难的阶段，这个"鸦片战争"底，运行了一年的震荡期，从2014年7月展开爬坡，在2014年9月12日至10月28日完成关键位的确认，第一次展开以资金推动型的牛市行情。如图4-18所示。

图 4-17　上证指数 2008 年底上升途中"126"位置图

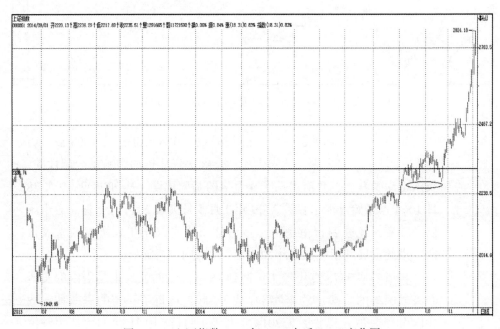

图 4-18　上证指数 2013 年 1849 点后"126"变化图

突破—确认—暴起，这就是六角形在上证指数上最经典的案例，每一次行情均是如此。这也是现实中最实用有效的策略。

历史究竟以什么样的方式重复？通过大量的事实表明：历史在关键处给定的时间与空间决定一切。历史究竟以什么为起点？江恩讲过只有一个正确的开始才有一个正确的结束。秘密就在这里。

不论是空间或时间，首先我们要做的便是回归轮回之中，然后再进行扩展，再进行计算，如此而已。这个秘密从最初的研究直到2016年6月25日笔者才彻底领悟，用了太长的时间。运用六角形计算准确的价位是非常棒的，而四方形可以精确地显示出时间，这一点正如江恩所讲，四方形和六角形可以完全证明市场时间和空间的运行原因和规律。

在古代西方数学里，六角形是与4有关的，数学、几何、音乐中的规律组成了江恩理论的全部。

第五章

轮中轮

　　在每项自然法则中，都包括主要和次要，正、负和中性。所以，对于循环也存在着小型、中型和大型循环，或者说循环中的循环。正如《圣经·旧约》中的以西结所说：轮中之轮。

　　时间是证明一切事物的最重要的因素。时间的量度基于地球围绕其轴线的自转。地球每自转 1°需要经历 4 分钟，地球完成 1 周自转需要 24 小时，也是人们经历 1 天的循环。还有一个重要的循环为 1 年，是地球绕太阳 1 周的时间，1 年中出现四季的变化。以上这些都属于次级的循环。

　　在我国战国时代有一位财富大家白圭，他认为年成的好坏是与岁星运行的规律有关，他根据岁星运行规律总结出"积著率岁倍"的财富规律。他认为年成的好坏是有规律的，在每 12 年中，有穰年（大丰年）2 年，美年（丰年）4 年，衰恶年（饥年）4 年，旱年 1 年，大旱年 1 年。认为 12 年中 6 年是丰年，6 年是荒年（其中 1 年是大荒年）。这就是白圭所说的"积著率岁倍"背后的天文术数。"积著率岁倍"是说掌握好岁星运动的规律来进行贸易，就可以得到加倍的利润。在丰年时把某一种货源充足的货物收进来囤积，荒年时把市场上匮乏的东西卖出去，人弃我取、人取我予的致富之道。所谓岁星，即木星。

　　由于古人观察太阳系九大行星运行的规律中，见岁星是五星（金，木，水，火，土）中最大的一个，且岁星由西向东运行（或称岁星右行，即反时针方向）。12 年绕行一周天，而每经 12 次中之一个星次约需 1 年。事实上，岁星是 11.8622 年绕太阳一周，每年移动的范围

（速度）比一个行次稍多一点，如此积至86年便多走一个行次。如此，谓之"超辰"，又称为"跳辰"。岁星纪年图如图5-1和图5-2所示。

这里之所以要插入这一段，是因为希望告诉大家我国在很早以前就会运用天文学来指导人们的生活与预测将来发生的事情。发现天文星象，最终的目的应是知道我们遵天运行，而非像现在一样，只是一堆数据，数据背后却再也找不出最有意义的内涵。这就是古代天文学与现代天文学最重要的区别。我们丢得太多了，该找回我们丢弃的枝枝蔓蔓了。

年次	1	2	3	4	5	6	7	8	9	10	11	12
岁星纪年	单于	执徐	大荒落	敦牂	协洽	涒滩	作鄂	阉茂	大渊献	困敦	赤奋若	摄提
地支	卯	辰	巳	午	未	申	酉	戌	亥	子	丑	寅
年成	穰	哀	恶	旱	美	美	穰	哀	恶	大旱	美	有水

图5-1 岁星纪年图(一)

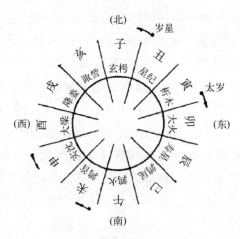

图5-2 岁星纪年图(二)

轮中轮是江恩理论的高度总结与概括。轮中轮将时间与价位完整地结合在一起，这是最完美的图表之一，与中国的罗盘毫无区别。中国的罗盘是来定方位与时间的，而轮中轮里没有了方位，但却有了个价格。看来江恩与中国术数之学有着千丝万缕的关系，这不得不让人怀疑江恩理论的来源。时间与价位合二为一，是所有江恩图表的精华。如图5-3至图5-5所示。

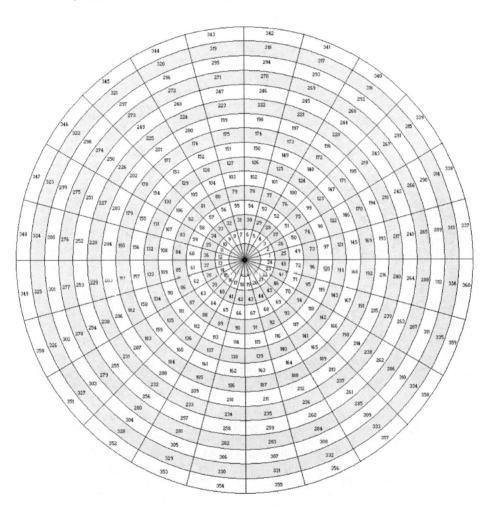

图 5-3　轮中轮

　　"仔细地研究高级 360° 图表，你就会发现为什么周期会重复。当任何事物运转到 180° 时，将向对立面倾斜：每个角度上升到 180° 时就会达到圆周另一边的对冲，这就是为什么顶部和底部每次都会出现在这些角度的原因。例如，在某个时候出现在90°或90个月的顶部，将相隔90°或90个月后出现，将会有相似的顶部，它们引起快速波动和急速涨跌。因为这个角度如此陡峭，以至于股票在反转之前，不能长时间保持。"

以上这段话是江恩在期货教程中自己说的。

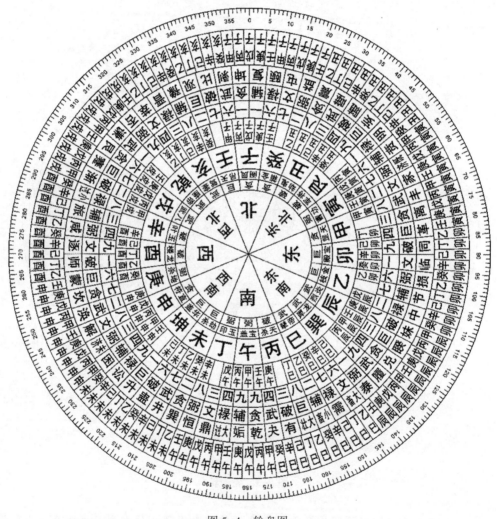

图5-4 轮盘图

江恩自己画的这幅图(图 5-5)含有重大的秘密,细研究你就会发现里面的秘密所在。

亚当理论、三角洲理论、海洋理论的发明者吉姆·所罗门是个天才,他破解了江恩的秘密,却掩盖了江恩理论,将其变换成为自己的东西。

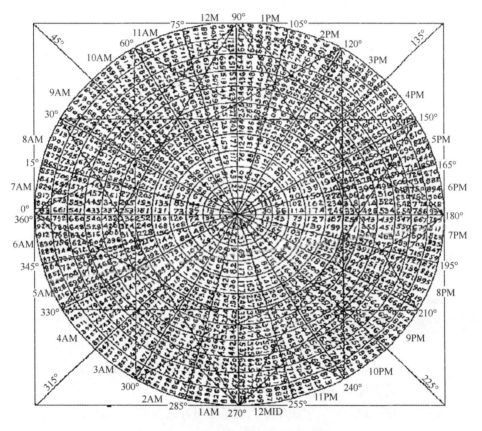

图 5-5　江恩亲自制作的手书轮中轮

轮中轮是以 360°为基础分割成 24 份,每等份 15°,15 基于地球每小时自转 15°。一天 24 小时完成一周,这是以一天为基础。一年分割为 12 月,每个月若按新月及满月一分为二,一年便有 12 个新月,12 个满月,合之共 24 个月。具体用法,前面为时后面为价来指导我们的预测:

1998 年 6 月 4 日

$4 = 60° = 340$ 点　　　　　　$1422 - 340 = 1082$

$(1422 + 1402) \div 2 = 1412$　　　$1412 - 340 = 1072$

1999 年 6 月 30 日

$30° = 90 = 366$　　　　$1698 - 366 = 1323$

$1756 - 366 = 1390$

$(1756 + 1666) \div 2 - 366 = 1346$

2000 年 8 月 22 日

$22 = 330 = 358$ 点　　　$2114 - 358 = 1756$

$2114 - 358 \times 1/2 = 1935$

$(2114 + 2074) \div 2 = 2094$　　　$2094 - 358 \times 1/2 = 1895$

2001 年 6 月 14 日

$14 = 210° = 350$　　　$2245 - 350 \times 2 = 1545$

$(2245 + 2202) \div 2 = 2223 - 350 \times 2 = 1523$

$2202 - 700 = 1502$

1999 年 5 月 17 日

$17 = 255° = 353$ 点　　　$1047 + 353 \times 2 = 1753$ 点

$1065 + 353 \times 2 = 1771$

$(1047 + 1072) \div 2 + 706 = 1765$

1999 年 12 月 27 日

$27 = 45° = 363$　　　　$(1341 + 1359) \div 2 = 1350 + 363 \times 2 = 2076$

$1341 + 363 \times 2 = 2067$　　　$1345 + 726 = 2071$ 点

关于价位与时间请用心对照后思考。

轮中轮的另一用法就是利用角度对冲来发现未来的玄机,这是一种非常美妙的高境界。

1997 年 5 月 10 日位于 3 月 21 日以来的第 52 天,52 位于 60°第 3 个对冲后第 6 个为 136 天,即为 9 月 25 日。

1998 年 6 月 4 日位于 3 月 21 日以来第 76 天,76 位于 60°第 4 个对冲后第 4 个为 88,即为 8 月 31 日。

1997 年 9 月 25 日位于 3 月 21 日以来第 182 天,182 位于 210°第 8 个对冲第 8 个为 170,即为 3 月 14 日。

......

为什么是从 3 月 21 日起算？因为从天文学上讲 3 月 21 日为零的开始，有关细节可看天文学相关的知识。从这一天开始太阳由双鱼座进入白羊座，这一天一般是中国的廿四节气中的重要节气——春分，这一天太阳直射赤道，昼夜均衡。如图 5-6 所示。

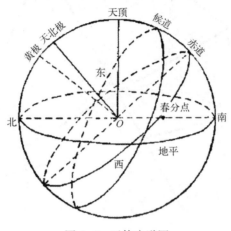

图 5-6　天体赤道图

1997 年 5 月 12 日 1510 点后熊市来临，至 9 月 25 日见 1025 点，随后反弹到 6 月 4 日见 1422 点后回落。

1510-1025＝485　　　　1422-1025＝397

剑指 2 月 19 日，由于 2 月 19 日是假期，在收盘前 2 月 8 日见底。如图 5-7 所示。

一个点，平行、对冲、三角，这三者是核心之核心。三者要综合去看，这不仅是轮中轮的核心，也是风水罗盘之核心。

预测是有条件的，不是任何时候、任何价位都可以预测的，而是在市场给定的条件下预测，进行有条件的预测，如同交易是有条件的一样，只有达到交易条件才能够进行交易。那些在任何时候、任何价位都可以预测的绝对是门外汉，是不能领悟到江恩理论精髓的。

在研究这一领域中，秘诀就是在少、在复，更在兴趣，如此方能大成。

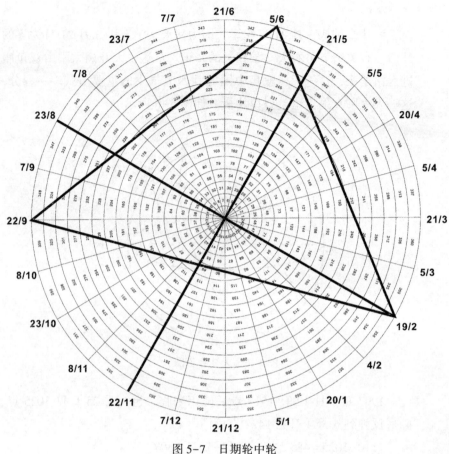

图 5-7　日期轮中轮

第六章

三角形

三角形是由不在同一直线上的三条线段"首尾"顺次连接所组成的封闭图形叫作三角形。常见的三角形按边分为普通三角形、等腰三角形(图6-1);按角分为直角三角形、锐角三角形、钝角三角形等,其中锐角三角形和钝角三角形统称斜三角形。

三角形的稳定性使其不像四边形那样易于变形,有着稳固、坚定、耐压的特点。三角形的结构在工程上有着广泛的应用,许多建筑都是三角形的结构,如埃菲尔铁塔、埃及金字塔等。

三角形在古代代表着火。火象征着生命,代表着光明,代表着智慧。

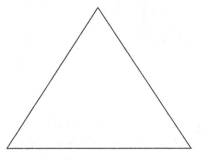

图6-1 三角形

在研究江恩理论的书籍中,我们至今看不到书写三角形的文章,但江恩在对三角形的描述中,却有着特殊的意义,特别是在神奇字句里面的那些上帝图形。很显然,江恩用图说话想告诉我们一些秘密。江恩讲过,算数、几何、音乐、天文都是影响市场的重要因素,可以通过这些学问来了解市场，目前我们所知的，江恩讲过圆形、六角形、四方形，讲过天文星辰，讲过加减法等，至于音乐与三角形如何应用于市场，至今没有发现江恩的相关论述。恕笔者直言，笔者对音乐毫无灵感，而对几何三角通过多年的努力终于得以揭开其秘密，以此奉献给大家。

图 6-2 是 1994 年 7 月 29 日后上证指数形成的上升三角形图，其画的方法非常简单，先将高低点连线，形成一条明显的趋势线，然后从最高点画一条垂直线，再从最低价水平画一条线，三条连接起来，就形成了一个非常清晰的三角形，三条线分别代表着不同的意义，第一条高低点连线代表着时间，第二条从高点的下垂直线代表着空间，而第三条则代表着未来的时间或空间。

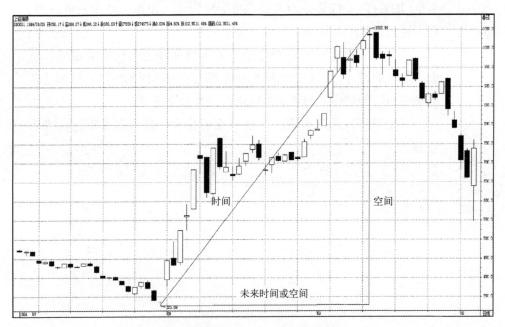

图 6-2　上证指数 1994 年 7 月上升三角形图（一）

未来时空计算方法如下：

1994 年 7 月 29 日见 325 点，而后上升至 1052 点运行 32 天，高低差 727 点

$$727 - 320 = 407 \qquad 1052 - 407 = 645$$

727÷10＝73   73+32＝105

通过计算与画图我们清楚地看到，市场回落的第一个重要支撑点就在 645 点左右，且市场多次在该区域逗留，而 105 天为 1995 年 3 月 15 日，则是一个非常重要的时间拐点，是本次下跌的最低点的时间拐点。这就是简单的计算可以得出未来空间与时间的三角形。如此简单，却鲜有人知。如图 6-3 所示。

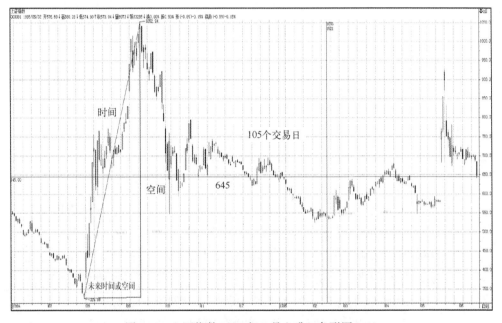

图 6-3　上证指数 1994 年 7 月上升三角形图(二)

图 6-4 是 1992 年底上证指数第一次大回落后形成的一次牛市行情图，上证指数从 1992 年 11 月上升到 1993 年 2 月，形成了历史上真正意义上的第一个熊高点的起始点。上升三角形很是清晰，三角形一旦形成，其计算方法就变得相对简单。未来时空计算方法如下：

1992 年 11 月 17 日 386 点上升至 1558 点运行 61 天，高低差 1172 点

1172-610＝562   1558-562＝996

996-562＝434   117+61＝178

市场运行 2 倍空间、2 倍时间。

图 6-4　上证指数 1992 年上升三角形图（一）

　　1993 年 3 月 22 日市场触及到了 996 点，此后，市场开始出现第一波大幅回调，后市也多次在这一线为轴心区域反复波动，其意义不言而喻。第 178 天为 1993 年 10 月 22 日，次日市场开始展开回升趋势。当时间来到 2 倍于 178 天时，市场同时到达了 434 点的低位，这一天是 1994 年的 7 月 7 日，18 天后见底。如图 6-5 所示。

　　图 6-6 中的三角形是著名的 "5·19" 行情形成的三角形，当年中国在南斯拉夫的大使馆被美国人误炸，国人群起而愤，爱国主义大规模爆发，从而产生了一次超级大行情。科技股全面爆发，短短的 33 天，上证指数暴涨了 709 点。

　　1999 年 6 月 30 日见到 1756 点后市场开始回落，宣告了 "5·19" 行情的结束，从此市场经过漫长的下跌周期，最低点到达了 1341 点，与计算的未来波动空间 1377 点相差 30 点，当市场触及到 1377 点后，3 天见底。104 天为 1999 年 11 月 30 日，当日见小底部，18 天后见底，与 1994 年相同，如图 6-7 所示。未来时空计算方法如下：

　　1999 年 5 月 17 日 1047 点上升至 1756 点运行 33 天，高低差 709 点

　　709－330＝379　　　1756－379＝1377　　　71＋33＝104

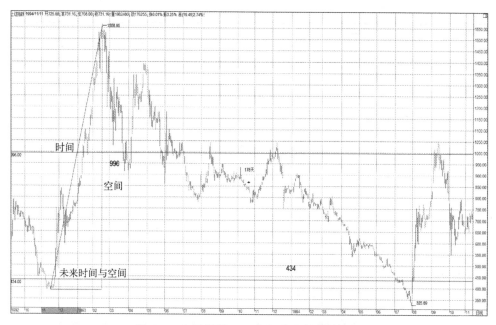

图 6-5　上证指数 1992 年上升三角形图(二)

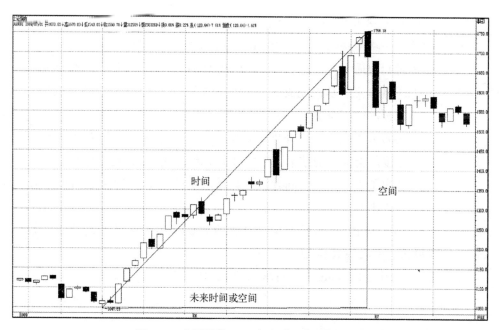

图 6-6　上证指数 1999 年上升三角形图(一)

图 6-7　上证指数 1999 年上升三角形图（二）

　　图 6-8 是 2008 年次贷危机后股市的走势图，从 6124 点开始大幅回落，一路下跌到了 2008 年 10 月 28 日 1664 点见底回升，这是历史上短时间内最大的一次下跌，此后从 1664 点一路上升至 2009 年 8 月 4 日的 3478 点，从而完成了一次漂亮的大反抽。图中的三角形也是一个比较标准的三角形。

　　2009 年 8 月 4 日上证指数见到 3478 点，市场宣告了从 1664 点历经跨年度的上涨行情结束，市场再次步入漫漫熊市。正是这次行情让笔者解决了未来图表的问题，而且还成功验证了 1929 年道琼斯工业指数。未来时空计算方法如下：

　　2008 年 10 月 28 日 1664 点上涨至 2009 年 8 月 4 日 3478 点，运行190 天，高低差 1814 点

$$1900-1814=86 \qquad 3478-860=2618$$

$$181+190=371$$

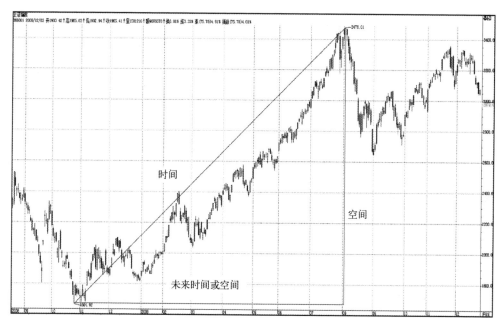

图 6-8　上证指数 2008 年上升三角形图(一)

通过计算与画图我们清楚地看到(图 6-9),2618 点基本上是第一波的最低点,2009 年 9 月 1 日当日最低为 2639 点,此后市场多次在 2618 点附近区域形成明显的轴心,而 2015 年 6 月后的大跌也是回落到该区域附近,可见其威力巨大。371 天为 2011 年 2 月 17 日。

图 6-10 是中国股市历史上第一个真正意义上的熊市下降三角形,从 1993 年 2 月 16 日 1558 点开始回落,历经一年多时间到达了 1994 年 7 月 29 日 325 点的低位,其惨烈程度可以用惨绝人寰形容,这些只有经历过的人才知道。未来时空计算方法如下:

1993 年 2 月 16 日 1558 点,下降至 1994 年 7 月 29 日 325 点,点数差 1233,时间是 369 个交易日

$$1233-369=864 \qquad 325+864=1189$$

很明显,此次大涨并没有到达 1189 点,但市场到达 864 点 7 天后见顶部。7 超越平衡的一个数字,并且在 32.5 的平方位置上见到顶部,相当独特。

图 6-9　上证指数 2008 年上升三角形图(二)

图 6-10　上证指数 1993 年下降三角形图

图 6-11 是上证指数 1994 年从 325 点反弹到 1052 点形成的下降三角形图。将高低点连线，形成一条明显的趋势线，然后从最高点画一条垂直线，再从最低价水平一条线，三条连接起来，就形成了一个非常清晰的三角形。未来时空计算方法如下：

1994 年 9 月 13 日 1052 点开始下降至 1995 年 2 月 7 日 524 点，点数差 528 点，时间是 91 个交易日

$$910-528=382 \qquad 382+524=906$$

后市从 524 点开始上升，经过 74 个交易日达到了 906 点，当日见顶回落。

图 6-11　上证指数 1994 年下降三角形图

图 6-12 是一段从 1995 年 5 月至 1996 年 1 月的一段行情走势图，下降三角形明显。未来时空计算方法如下：

1995 年 5 月 22 日 926 点开始回落至 1996 年 1 月 19 日 512 点，点差是 414 点，时间是 172 个交易日

$$1720-414=1306 点$$

上证指数从 1996 年 1 月 512 点开始上涨，并形成一波绩优股天

下的牛市行情，1997 年 4 月 14 日见到 1306 点后，18 天见顶回落。请注意，每次超越平衡都是在 18 天，这是非常独特的地方。

图 6-12　上证指数 1995 年下降三角形图

至此，三角形研究空间完备。复杂吗？小学生都会计算。简单吗？心理复杂得让多少人迷失方向。感谢上苍，让笔者在最青春年华的时候遇上了江恩理论。

不知大家注意到一种现象没有？早上上班时 7 点半到 8 点这个档空，经常下雨，下午 4 点左右往往也在下雨或者刚好雨停，中午 12 点往往也是这样，这就形成了 8 点—12 点—4 点的时间等腰三角形，它控制了很大一部分下雨开始或结束的时间。申子辰，水的三角密码。再一次证明国学是多么的重要。

第七章

廿四节气

廿四节气运用到股市始于 1995 年中国香港黄栢中的《江恩理论》一书，黄先生将廿四节气运用到股市上是一个了不起的创举。他在解释中称，江恩的时间循环理论与中国历法中的廿四节气不谋而合，前者分析市场走势变化，后者则分析大自然气候变化，然而两者并非风马牛不相及，其相互呼应的程度令人赞叹。

在国内许多书籍中，包括黄先生本人，都是直接将廿四节气与股价对应，说明股市在此节气前后形成转折点。廿四节气实际上是表示地球公转轨道上 24 个不同的位置，也就是黄道分成 24 等份，每等份占黄经 15°。

廿四节气是根据朔望月而来，是古人根据月亮的变化而定的名称，古人最初把月亮分为五个主要阶段：新月，上弦，满月，下弦，残月。如图 7-1 所示。

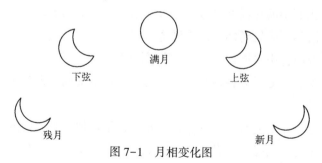

图 7-1 月相变化图

在此基础上，人们观察到每个月都有一两个整夜可以看到月亮，其中之一便是初一，古人将新月代表的时日叫作"朔"，朔也，初也，一月之初。一个月之中，除了朔日之外还有一个整夜都能看到月亮，那便是十五，或十六的圆月，一般称之为"满月"，古人将这一天称之为"望"。此时地球在月亮与太阳之间，月球之受光面与地球相望，人们自地视月球恰是正圆。"望"是日月相望的意思，古人将"朔"与"望"记月，故叫"朔望月"。连续两次"合朔"，或两次满月，所相距的时间叫"朔望月"。从"朔"到"朔"，或者从"望"到"望"，周期为29天多。朔望月又称太阴月，或称回归月，即太阳、月亮、地球三者的位置连续两次在一条直线上所间隔的时间。

节气，就是把一年内太阳在黄道上的位置变化和引起地面气候演变的情况一次分为 24 个阶段，每阶段约隔半个月的时间，"五日为一侯，三侯为一气，故一岁有廿四节气，分列在 12 个月里，在月首的叫节气，在月中的叫中气。气在这里是指的是气象、气候，它最初是来用于观察农作物情况变化的，对我国有着几千年的影响，在世界上也是响当当的。

立春、立夏、立秋、立冬：立，即也，立刻的意思。立春，春立刻到临，其他立夏等皆是此意。

夏至、冬至：至，极也。夏至，盛夏已到；冬至，严冬已到。

春分、秋分：分，平分也。春分、秋分是说这两天的昼和夜的时间长度相等，同时这两个节气也正好处于夏至与冬至之间。

雨水：降雨开始，雨量增加。

惊蛰：蛰，虫类伏藏冬眠，春雷始发而惊动虫类的冬眠，故为惊蛰。我们小的时候都是过了惊蛰开始去山上捉蝎子。

清明：天气晴朗，万物滋生。

谷雨：雨量增加，助谷物苗壮增长。

小满：麦类等谷物与夏熟作物籽粒开始饱满，但尚未成熟，故未至小满。

芒种：夏麦有芒，则作物成熟，正是其他暖季作物抢种的时期。

小暑、大暑：暑者，热也。小暑、大暑是一年中最热的季节，大暑则比小暑尤甚。

处暑：处也，止也。表示暑天结束，气温开始下降。

白露：气温下降，开始出现露水。

寒露：天冷，露水很凉。

霜降：开始下霜。

小雪、大雪：小雪指的是开始下雪，大雪则是形成积雪。

小寒、大寒：一年中最冷的季节。

关于廿四节气可以参考《吕氏春秋》《淮南子·天文训》以及丁緜孙的《中国古代天文历法基础知识》，尤其丁先生的这一本，是现代的我们深入研究古代天文学的敲门砖，在此不再论述。

笔者认为，优秀的民族其一重要的特征就是历法精确，不论是古埃及人，还是玛雅人，还是中华民族的夏历，还有我们的彝族同胞十月历，都显示"历"这个重要的特征。浓厚的人文气息与精准的数算并存，则这个民族必定会长久地茁壮发展，否则会出现偏差，玛雅人就是一个悲剧。

为什么江恩的时间循环与廿四节气会相呼应呢？让我们先看一下江恩先生在《江恩华尔街45年》中所讲述的一年之中每个月重要的转折时间。

（1）1月7—10日及1月19—24日——上述日子是年初最重要的日子，所出现的趋势可延至多周，甚至多月。

（2）2月3—10日及2月20—25日——上述日子重要性仅次于1月。

（3）3月20—27日——短期转势经常发生，有时甚至出现主要的顶部或底部。

（4）4月7—12日及4月20—25日——上述日子较1、2月次要，但后者也经常引发市场转势。

（5）5月3—10日及5月21—28日——5月是十分重要的转势月份，与此同时，2月的重要性相同。

（6）6月10—15日及6月21—27日——短期转势会在此月份出现。

（7）7月7—10日及7月21—27日——7月份的重要性仅次于1月份，在此段时间，气候在年中转化，影响五谷收成，而上市公司亦多在这段时间半年结派息，影响市场活动及资金的流向。

（8）8月5—8日及8月14—20日——8月转势的可能性与2月

相同。

(9) 9 月 3—10 日及 9 月 21—28 日—— 9 月是一年之中最重要的市场转势时候。

(10) 10 月 7—14 日及 10 月 21—30 日—— 10 月份亦是十分重要的市场转势时候。

(11) 11 月 5—10 日及 11 月 20—30 日——在美国大选年，市场多会在 11 月初转势，而其他年份，市场多在 11 月末转势。

(12) 12 月 3—10 日及 12 月 16—24 日——在圣诞节前后，是市场经常出现转势的时候。

在上面所列出的日子中，每月共有两段时间，细心一看，大家便可以明了江恩所提出的市场转势时间相对于中国历法中的廿四节气时间。从天文学角度，乃是以地球为中心，太阳行走相隔 15° 的时间。

天文中有黄经、赤纬两使君，此两者关乎星体之位置。黄经者，时间也；赤纬者，空间也。太阳黄经赤纬是阳，阳者，落也，月亮黄经赤纬是阴，阴者，升也。太阳测月亮谓上测下也，月亮测太阳者谓下测上也。更形象的理解可参看图 7-2、图 7-3 和表 7-1。

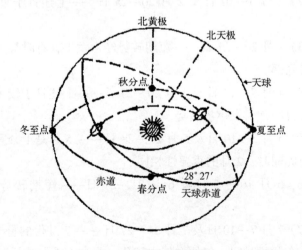

图 7-2 黄道四正位图

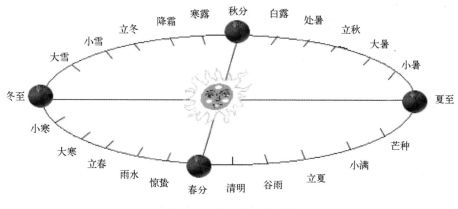

图7-3　廿四节气位置图

阴星之黄赤关乎升阳时空；阳星之赤纬关乎阴降之时空。互补变通，阴阳合则万物生。这是笔者专门为2009年初新发现写的，在很多时候我们领悟了一个属于自己的哲学，往往会在你人生中或关键处给你大惊喜。

表7-1　廿四节气黄经度

立春	雨水	惊蛰
2月3—5日	2月18—20日	3月5—7日
黄经度315°	黄经度330°	黄经度345°
春分	清明	谷雨
3月20—22日	4月4—6日	4月19—21日
黄经度0°	黄经度15°	黄经度30°
立夏	小满	芒种
5月5—7日	5月20—22日	6月5—7日
黄经度45°	黄经度60°	黄经度75°
夏至	小暑	大暑
6月21日—22日	7月6—8日	7月22—24日
黄经度90°	黄经度105°	黄经度20°
立秋	处暑	白露
8月7—9日	8月22—24日	9月7—9日
黄经度135°	黄经度150°	黄经度165°

续表

秋分	寒露	霜降
9 月 22—24 日	10 月 8—9 日	10 月 23—24 日
黄经度 180°	黄经度 195°	黄经度 210°
立冬	小雪	大雪
11 月 7—8 日	11 月 22—23 日	12 月 6—8 日
黄经度 225°	黄经度 240°	黄经度 255°
冬至	小寒	大寒
2 月 22—23 日	1 月 5—7 日	1 月 20—21 日
黄经度 270°	黄经度 285°	黄经度 300°

黄道十二宫与中国古代的廿四节气对应关系（表7-2）。

表7-2　廿四节气与黄道十二宫

黄道十二宫	廿四节气		黄道十二宫	廿四节气	
白羊宫	春分	清明	天秤宫	秋分	寒露
金牛宫	谷雨	立夏	天蝎宫	霜降	立冬
双子宫	小满	芒种	人马宫	小雪	大雪
巨蟹宫	夏至	小暑	摩羯宫	冬至	小寒
狮子宫	大暑	立秋	宝瓶宫	大寒	立春
室女宫	处暑	白露	双鱼宫	雨水	惊蛰

熟悉江恩理论的都应知道，角度在实战中可以化为时间单位，以 90° 为例，可化为 90 天、90 周、90 月。同样，将以上节气的黄经度化为时间单位用于股市或期市、汇市。以下举例说明此用法：1997 年 9 月 23 日为秋分，见 1025 点回升，秋分黄经度为 180°，180 天为 1998 年 3 月 23 日，为 1998 年行情启动的最后一个低点。如图7-4所示。

1998 年 3 月 12 日见 1175 点后一路上升至 6 月 4 日。6 月 4 日见 1422.97 点后一路下跌，6 月 5 日为芒种，其经度为 75°，75 天后 8 月 18 日见 1043 点后回升，若化为 75 个交易日则为 9 月 17 日之顶。如图 7-5 所示。

图 7-4　1997 年 9 月至 1998 年 3 月黄经度市场表现图

图 7-5　1998 年 6 月后上证指数黄经度市场表现图

1999 年 12 月 27 日见 1341 点处于冬至附近，冬至黄经度为 270°，270 化为 270 天，则为 2000 年 9 月 27 日，实际大盘于 9 月 25 日见底部。如图 7-6 所示。

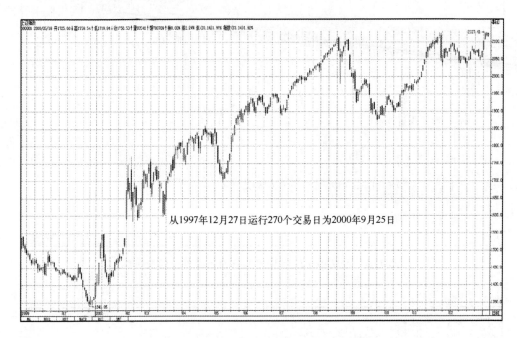

从1997年12月27日运行270个交易日为2000年9月25日

图 7-6　1999 年后上证指数黄经度市场表现图

以上日期准确程度令人叹为观止。一切理论在于实践，有心人可以试一下其他的转折点。

上面几个例子用廿四节气讨论了时间问题，在江恩理论中，时间占主要地位，但江恩先生从来也没有忽略过价位的问题，这也就有了 1909 年夏季他预测小麦将要到达 1.20 美元，而震惊全美国的事情。详见《江恩华尔街 45 年》一书。廿四节气除了可以预测时间外，还可以预测价位，这是廿四节气的另一用法。

1998 年 6 月 4 日自 1422 点回落，其节气是芒种。黄经度是 75°，75 化为 750 点，750×1/2 = 375 点，75 天后 8 月 18 日最底见 1043 点，1422 - 375 = 1047 点，相差 4 点。如图 7-7 所示。

1999 年 5 月 19 日大盘发动行情，节气是小满，黄经度是 60°，

60 化为 600 点，30 天后见顶，时间是黄经度的 1/2，5 月 19 日收盘价 1109 点，1109＋600＝1709 点 6 月 30 日平均价是 1711 点。如图 7-8 所示。

2000 年 8 月 22 日其节气是处暑，黄经度是 150°，化为 150 点，150×1.5＝225 点，8 月 22 日最高价 2114 点，2114－225＝1888 点，9 月 25 日平均 1885 点。如图 7-9 所示。

2001 年 2 月 22 日大盘见底回升，节气是雨水，黄经度是 330°，330 化为 330 点，2 月 22 最低见 1893 点，1893＋330＝2223 点，实际上 6 月 14 日大盘中位数也是 2223 点。以上既有高测低，又有低测高，既有整数又有分数，这就要求我们灵活运用。如图 7-10 所示。

上述一些观点笔者发表在 2001 年年尾的《证券市场周刊》中，有心的读者朋友可以找来验证。

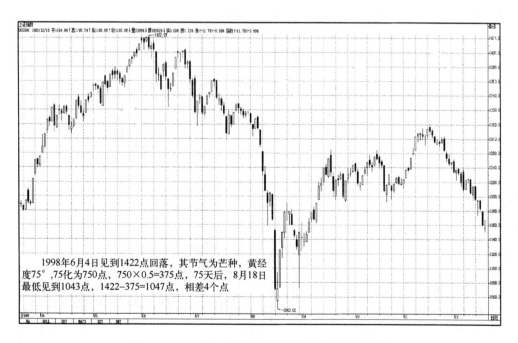

1998年6月4日见到1422点回落，其节气为芒种，黄经度75°，75化为750点，750×0.5=375点，75天后，8月18日最低见到1043点，1422-375=1047点，相差4个点

图 7-7　1998 年 6 月后上证指数黄经度市场表现图

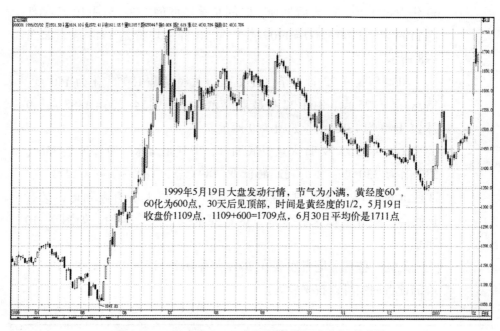

图 7-8　1999 年"5·19"上证指数黄经度市场表现图

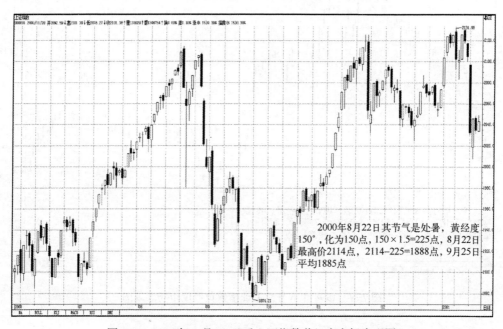

图 7-9　2000 年 8 月 22 日后上证指数黄经度市场表现图

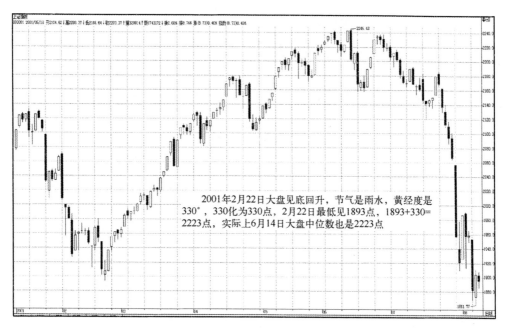

图 7-10　2001 年 2 月后上证指数黄经度市场表现图

第八章

七的传说

古代炼金术中把星占学中的七颗星与七种金属联系起来：土星——铅，木星——锡，火星——铁，金星——铜，水星——汞，月亮——银，太阳——金。对于炼金术家努力使金属变形，逐步变成纯金，每一步都应在行星的影响下进行。

$1 \times 7 = 7$　　$1 \div 7 = 0.142857$　　$1+2+3+4+5+6+7=28$

$2 \times 7 = 14$　　$2 \div 7 = 0.285714$　　$1 \times 2 \times 3 \times 4 \times 5 \times 6 \times 7 = 5040$

$3 \times 7 = 21$　　$3 \div 7 = 0.428571$　　$1+6=7$　　$2+5=7$　　$3+4=7$

$4 \times 7 = 28$　　$4 \div 7 = 0.571428$

$5 \times 7 = 35$　　$5 \div 7 = 0.714285$

$6 \times 7 = 42$　　$6 \div 7 = 0.857142$

$7 \times 7 = 49$　　$7 \div 7 = 1$

$8 \times 7 = 56$　　$9 \times 7 = 63$

7 在轮中轮中是夹在 $90 \sim 100$ 之间，在六角形中 7 是第二轮的开始，在四方形中 7 与 3 对冲。

江恩恰好在 77 岁去世。

笔者认为，七是一个神秘的数字，一个阴阳合体的数字，是一个值得让人三思的数字，也是一个短时间内发生巨变的数字。七是六的继承与发展，是一个新的开始，也是一个结束。在研究中，笔者发现七是三分法的开始，二分法是由三开始六结束。

老子曰：三生万物。上贤们的智慧是我们敬仰的，在不发达的科学时代，智者们却准确地完成了生命的基因密码，在这个一切维新的时代我们更需要古老的智慧，更需要深思上贤们留下的宝贵财富，其背后的秘密需要你我共同努力研发。笔者所研究出的一切东西都是现实存在的，只是被笔者发现而已。让我们怀着敬畏之心祈告上天，让我们发现更多的密码。

在笔者的脑海里还有一个就是，江恩是个非常高明的星占学家，他不可能不看自己的人生之路，星占之人一定会先研究自己的星占图，江恩讲过他非常相信星占学："我很相信星相学，拿破仑等历史上伟大的领袖人物也都相信星相学。"故1955年的逝世，77岁是否这是提前星占过的呢？在星占学中高明的星占学家是可以办得到的。

另外，笔者在研究中发现，一旦在预测之日市场没有出现拐点，不是时间未到，就是价位未到，而在预测之日后的第七天却神奇地出现拐点，这就是超七现象。笔者运用江恩很多方法都出现过这种现象，想必江恩当时也一定遇到过。

以上是七的秘密中的一小部分，七不仅仅是超越平衡的标准，更是未来准确的顶底空间的标准。

7点，从钟表上看它是第一个超越平衡的数字（图8-1），钟表中6与12达到平衡点，而7却是一个新的开始点，也是个上升点。明明看着，却又迷着；明明用着，却又寻着；有缘，必定得着。

江恩说过，算数、几何、音乐构成了一个完美的世界，而在笔者研究的过程中，只有音乐笔者没有任何的突破。不论是宫—商—角—征—羽，还是1，2，3，4，5，6，7，均没有任何想法，因为笔者不懂音乐无法参悟其中的奥秘，这是笔者的一个缺憾。在有些文字中，宫、商、角、征、羽分别代表着1，2，3，5，6，没有4与7。据说这种用法只有中国与苏格兰地区有，虽然笔者没有在音乐中有所领悟，但1~7的数字却让笔者有所领悟。

在钟表之中，1，2，3，4，5，6，7可以看作为一个新的循环的

图 8-1　钟表盘循环图

开始，若从 1 开始到 6 为底部阶段，则 7 为一个启动点，一个上升途中的启动点。中国有句古话：以不变应万变。若以音乐 1，2，3，4，5，6，7 数字为一个出发点，是不是就是说，任何高点，经过了 6 个循环周期便是一个新的开始呢？是的，理应如此。以 6 月为例，市场往往会在年底 12 月或次年 1 月为一个新的周期起点。

1993 年 2 月 16 日见到顶部，根据规则，应该会在 8 月或 9 月有重要的拐点，实际上是次年的 8 月为上升起始点。

1994 年 9 月 13 日见到 1052 点，9 月对应的是 3 月与 4 月，市场在次年的 3 月为一个起始点。

1996 年 3 月行情正式启动，1996 年 5 月第一波牛市休息，对应的是 11 月、12 月，实际上 11 月、12 月为一波启动上升点。

1999 年 6 月在"5·19"行情后休整，6 月对应的是 12 月与 1 月，市场恰好在这两个时间筑底启动。

2000 年的 8 月 22 日见到 2114 点后反复震荡，8 月对应的是 2 月与 3 月，市场在次年 2 月筑底，3 月启动。

2001 年 6 月见到 2245 点后牛市宣告结束，对应 12 月与 1 月，次年 1 月见到短期底部。

从以上例子中，我们不难发现其准确性相对还是比较高的，该方法简单实用，不复杂，不劳神，笔者称之为"钟表效应"。一个对冲就能够解决如此复杂的问题，这就是笔者一再坚持的最基础的就是最高深的道理。对冲、平行，以及90°均显示出强大的信息，需要每一个有志于此的人去深思。一个简单的钟表，看似简单，却是时间的精髓，江恩的精髓是什么？时间。因此，认真研究钟表盘带来的智慧是每一个江恩研究者所必备的科目。

当K线从一个重要的顶部或底部开始出现7根阴K线或7根阳K线时，往往是最佳的进场或出场时机。7根K线可以是连续的也可以是间断的，但必须是同样的7根K线，可以是5分钟K线，也可以是年线，年线与月线能真正捕捉到大行情，周线与日线是解决进场时机的，分时则是更进一步的精细化。如图8-2和图8-3所示。

七，一个神奇的数字，一触即发，一触即八也。简单大道，大道简约。这就是江恩重视七的原因。

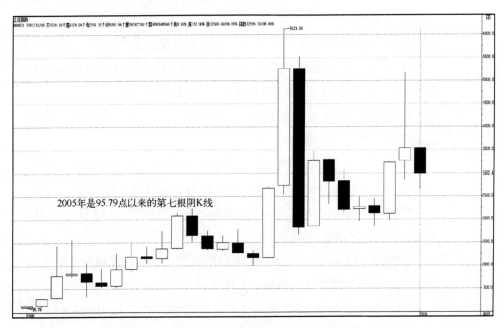

图8-2　上证指数年K线7根图

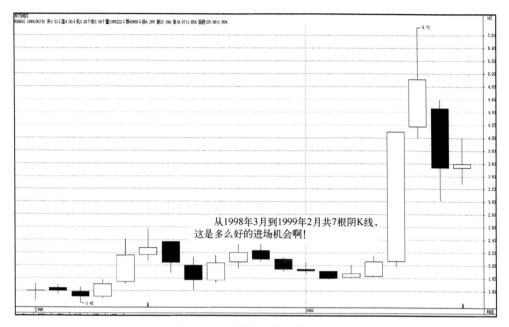

图 8-3　东方明珠月 K 线 7 根图

第九章

四维预测

　　四维预测法就是将时间或者价位化为四个数来指导我们的预测。下面结合中国股市讲述其用法：

　　1998 年 8 月 18 日可化为 9818，也可化为 2789，1998 = 1 + 9 + 9 + 8 = 27

　　根据四维预测理论，时间或价位化为四位数来指导我们形成高低的时间及价位。在时间化为四维时一定要注意按照在高低点形成后的时间，必须合理地化成可能出现的月份。

　　1998 年 8 月 18 日化成 9818 = 9 月 17 日，实际上，上证指数是在 9 月 17 日见顶。而化成 2789 则成 15 月 29 日，这是不合理的；可化成 11 月 15 日，上证指数见顶是 11 月 17 日，相差 2 天。如图 9-1 所示。

　　9818 = 9　8　1　8

　　1997 年 5 月 12 日 = 2653 = 9 月 7 日或 25 日，预测与实际情况误差 2 天，9 月 23 日上证指数见 1025 点回升。如图 9-2 所示。

　　2653 = 2　6　5　3

　　2001 年 10 月 22 日上证指数见 1514 点回升，3122 = 12 月 5 日，12 月 5 日上证指数回升结束。如图 9-3 所示。

　　3122 = 3　1　2　2

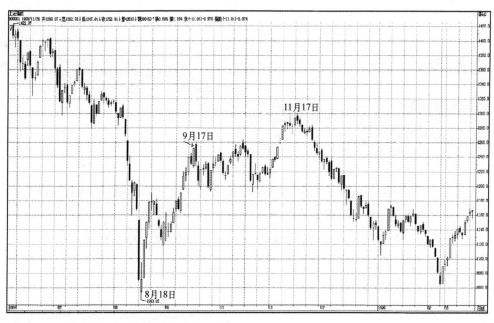

图 9-1　上证指数 1998 年 9 月四维预测图

图 9-2　上证指数 1997 年 9 月四维预测图

图 9-3 上证指数 2001 年 12 月四维预测图

　　2002 年 1 月 29 日上证指数见 1339 点回升，2211＝3 月 21 日，3 月 21 日完成顶部回落。如图 9-4 所示。

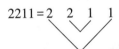

2211＝2　2　1　1

　　笔者发现，在实际运用中四维预测还有很多用法，也可以预测大幅度波动的日子、高低转折点等，目前已经形成了四维预测体系，其功能很是强大。

　　关于一些创新的东西是经过了大量的理论沉淀后产生的灵感，如果没有理论上的积累而产生的新东西往往不是很成熟的，当读者看到这些简单而实用的理论时能想到笔者创作之艰辛，当感激不尽。21世纪的今天，传统的周期如何演变？2000 年是 2 年还是 20 年？2001年是 3 年还是 21 年？这是江恩没有遇到过的事情，现在只能摸着石头过河，这也是促使笔者创立四维预测的另一个原因。

图 9-4　上证指数 2002 年 3 月四维预测图

第十章

黄经赤纬学说

天文中有黄经、赤纬两使君，此两者关乎星体之位置。黄经者，时间也，赤纬者，空间也。或为互换，或为交融，或跨，或终，阴阳相变，万物由生。

黄经度在廿四节气中笔者已经讲述了一部分，下面讲述另一部分的秘密。

最低价当日的黄经度制约着未来的涨幅，一旦达到，必然产生顶部或暴跌。最低价日期的黄经赤纬度非常关键，达到该黄经赤纬度的数值时往往会产生比较明确的顶点或高点，并且会形成大幅下挫，历史走势多次验证过这一点。例如，当某日低点股价是 10 元，黄经度为 135°，10+13.5＝23.5 元，由此推得，当股价上升到 23.5 元时会产生顶部或形成暴跌，这是其一。其二，就是当价格到达 13.5 元时，也会产生暴跌。

1990 年 12 月 19 日黄经度为 266.49°，266÷2＝133，化为 1330 点，上证指数在 1330 点左右产生暴跌。1990 年 12 月 19 日最低价 95 点，95+1330＝1425 点，推测未来高点将见 1425 点。如图 10-1 所示。

1994 年 7 月 29 日上证指数最低见 325 点，黄经度为 125.4°，1254÷2＝627，325+627＝952 点，当上证指数超越 952 点后的第 7 天见顶回落，超越平衡 7 天。如图 10-2 所示。

1996 年 12 月的暴跌就是 1994 年 7 月 29 日的黄经度产生的，7 月 29 日黄经度 125.4°，12 月 11 日指数到达 1258 点产生共振。如图 10-3 所示。

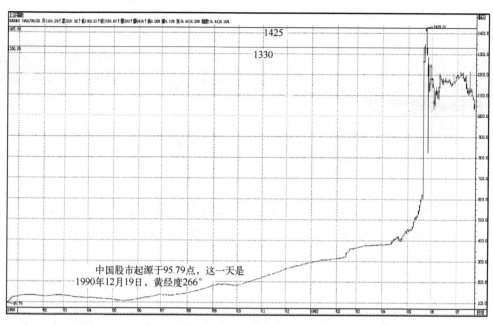

图 10-1　上证指数 1990 年 12 月 19 日起点的黄经度表现图

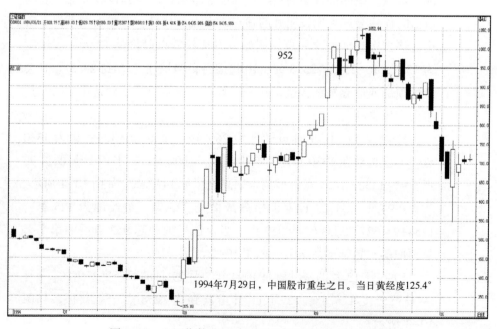

图 10-2　上证指数 1994 年 7 月 29 日后的黄经度表现

图 10-3　上证指数 1994 年 7 月 29 日后的黄经度共振图

最低价当日的黄经度制约着涨幅，一旦达到，必然产生顶部或暴跌。例如，1992 年 11 月 17 日上证指数最低价为 386 点，黄经度为 234.53°，234.53÷2＝117.265，1172+386＝1558 点，当上证指数上升到该点位时产生顶部。如图 10-4 所示。

以上是上升趋势中产生的暴跌。下面举例下降趋势中指示的重要底部，如 1998 年 6 月 4 日太阳黄经度 73.15°，赤纬度 22.23°，即运行 73 天，下降幅度 22.23% 见底。如图 10-5 所示。

1999 年 6 月 30 日上证指数反弹至 1756 点见顶，结束一波凌厉的行情，当日太阳黄经度 97.51°，赤纬度 23.12°，随之而来的调整行情在 1756-1756×0.2312＝1350 点见底。如图 10-6 所示。

熟悉江恩理论的人都应知道，角度在实战中可以化为时间单位，以 90° 为例，可化为 90 天、90 周、90 月。同样，将以上节气的黄经度化为时间单位用于股市或期市、汇市。例如，1997 年 9 月 23 日为秋分，上证指数见 1025 点回升，秋分黄经度为 180°，180 天为 1998 年 3 月 23 日，是 1998 年行情启动的最后一个低点日。如图 10-7 所示。

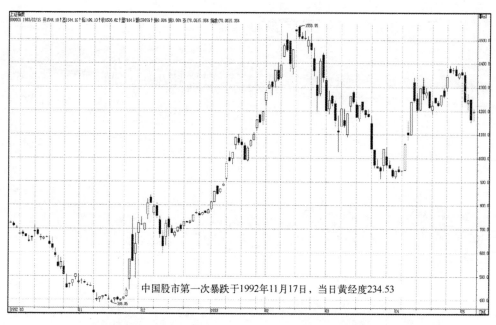

中国股市第一次暴跌于1992年11月17日，当日黄经度234.53

图 10-4　上证指数 1992 年 11 月 17 日后的黄经度共振图

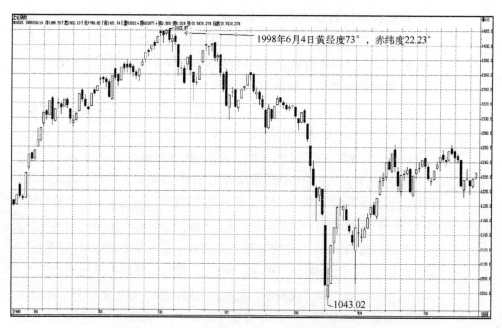

1998年6月4日黄经度73°，赤纬度22.23°

1043.02

图 10-5　上证指数 1998 年 6 月 4 日后的黄经赤纬图

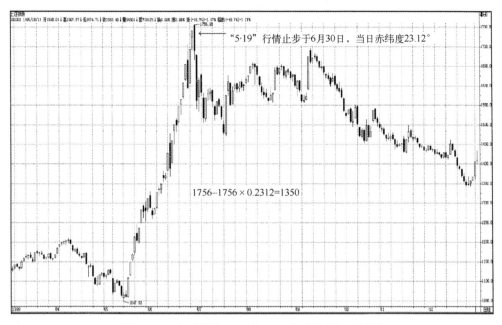

图 10-6　上证指数 1999 年"5·19"后的黄经赤纬图

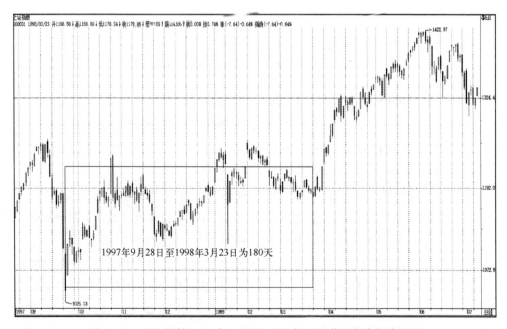

图 10-7　上证指数 1997 年 9 月至 1998 年 3 月黄经度市场表现图

1998 年 3 月 12 日上证指数见 1175 点后一路上升至 6 月 4 日，见 1422.94 点后一路下跌，6 月 5 日为芒种，其经度为 75°，75 天后，即 8 月 18 日见 1043 点底部，若化为 75 个交易日则为 9 月 17 日见短期顶部。75 化为 750 点，则有 750×1/2 = 375 点，1422−375 = 1047 点，75 天后的 8 月 18 日最低见 1043 点，相差 4 点。如图10-8 所示。

图 10-8　上证指数 1998 年 6 月后的黄经度市场表现图

1999 年 5 月 19 日上证指数发动行情，节气是小满，黄经度是 60°，60 化为 600 点，30 天后见顶，时间是黄经度的 1/2，5 月 19 日收盘价为 1109 点，1109+600 = 1709 点，6 月 30 日平均价是 1711 点，相差 2 点。如图 10-9 所示。

2000 年 8 月 22 日其节气是处暑，黄经度是 150°，化为 150 点，150×1.67 = 225 点，8 月 22 日上证指数最高为 2114 点，2114−225 = 1888 点，9 月 25 日平均价为 1885 点，相差 3 点。如图 10-10 所示。

2001 年 2 月 22 日上证指数见底回升，节气是雨水，黄经度是 330°，330 化为 330 点，2 月 22 上证指数最低见 1893 点，1893+330 = 2223 点，实际上 6 月 14 日上证指数中位数也是 2223 点。如图 10-11 所示。

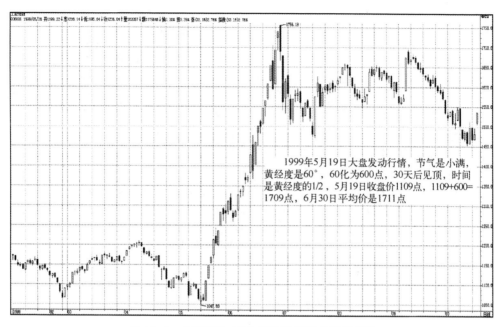

1999年5月19日大盘发动行情，节气是小满，黄经度是60°，60化为600点，30天后见顶，时间是黄经度的1/2，5月19日收盘价1109点，1109+600=1709点，6月30日平均价是1711点

图 10-9　上证指数 1999 年后黄经度市场表现图

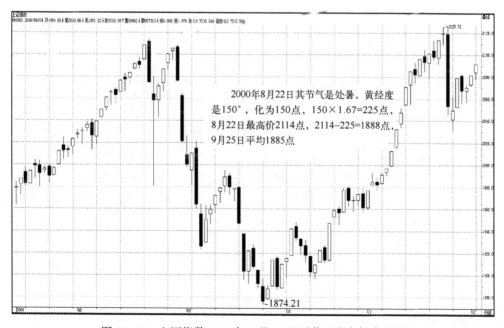

2000年8月22日其节气是处暑，黄经度是150°，化为150点，150×1.67=225点，8月22日最高价2114点，2114−225=1888点，9月25日平均1885点

图 10-10　上证指数 2000 年 8 月 22 日后黄经度市场表现图

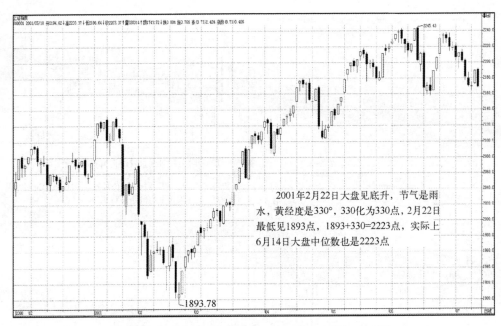

2001年2月22日大盘见底升，节气是雨水，黄经度是330°，330化为330点，2月22日最低见1893点，1893+330=2223点，实际上6月14日大盘中位数也是2223点

1893.78

图 10-11　上证指数 2001 年 2 月后黄经度市场表现图

以上既有高测低，又有低测高，既有整数又有分数，这就要求我们灵活运用。日前笔者还没有完全掌握这个重要密码，不论是巧合还是"天意"，我们需要更进一步地挖掘，这背后的原理与秘密是什么？造就了多次精确的意外？中国古老的密码《易经》曾有曰："仰以观于天文，俯以察于地理，是故知幽明之故。""幽明"在这里便是那些不确定的价格与点数。关于每天的黄经、赤纬可参考一些软件，比如有一款日梭万年历，可以精确地查到每一日的日、月黄经度与赤纬度。

下列图表是非常重要的历史数据，并且笔者把西方星占学中非常重要的恒星月、日计算表一并公布，供有心者去研究。如表 10-1 至表 10-4 所示。

表 10-1　天体恒星月度运行时间表

平年	二月	三月	四月	五月	六月	七月
	2.2	3.52	5.55	7.53	9.55	11.54
闰年	2.2	3.56	5.59	7.57	9.59	11.58

续表

平年	八月	九月	十月	十一月	十二月	
	13.56	15.58	17.56	19.59	21.57	
闰年	14.0	16.2	18.0	20.2	22.1	

表 10-2　日的附加时间表

日期	时间	日期	时间	日期	时间	日期	时间	日期	时间
2	4分	8	28分	14	51分	20	1.15	26	1.39
3	8分	9	32分	15	55分	21	1.19	27	1.42
4	12分	10	35分	16	59分	22	1.23	28	1.46
5	16分	11	39分	17	1.03	23	1.27	29	1.50
6	20分	12	43分	18	1.07	24	1.31	30	1.54
7	24分	13	47分	19	1.11	25	1.35	31	1.58

表 10-3　每年高、低点的黄经、赤纬度与重要转折表

时　间	太　阳		月　亮	
	黄经度(°)	赤纬度(°)	黄经度(°)	赤纬度(°)
1990.12.19	266.53	−23.24	287.17	−23.18
1992.01.2	280.54	−23	249.09	−24.3
1992.05.26	65.03	21.09	350.35	1.01
1993.01.4	283.42	−22.44	46.5	19.43
1993.02.16	327.23	−12.23	266.26	−22.45
1994.07.29	125.43	18.5	19.44	10.07
10994.09.13	170.03	3.57	267.33	−20.03
1995.02.07	317.48	−15.3	42.39	15.21
1995.05.22	60.31	20.15	337.39	−4.34
1996.01.19	298.15	−20.31	277.12	−18.23
1996.12.11	259.17	−23	264.05	−18.23
1997.02.20	331.27	−10.57	125.46	14.46
1997.05.12	51.23	18.06	114.52	16.41
1998.06.04	73.15	22.23	185.02	0.17
1998.08.18	144.55	13.13	96.31	18.57

续表

时 间	太 阳		月 亮	
	黄经度(°)	赤纬度(°)	黄经度(°)	赤纬度(°)
1999.05.17	55.58	19.15	299.27	-17.16
1999.06.30	97.51	23.12	290.52	-19.52
2000.01.04	309.27	-17.53	238.37	-15.1
2000.08.22	149.16	11.44	50.04	13.15
2001.06.14	83.04	23.15	352.1	-7.48
2001.10.22	208.43	-11.01	275.27	-23.54
2002.01.29	308.57	-18.01	130.3	21.03
2002.06.25	93.21	23.24	275.19	-24.55

表 10-4 历史重大转折点的黄经度、赤纬度

时 间	太 阳		月 亮	
	黄经度(°)	赤纬度(°)	黄经度(°)	赤纬度(°)
1990.12.19	266.53	-23.24	287.17	-23.18
1991.01.14	293.22	-21.25	272.13	-25.44
1991.05.17	55.4	19.11	95.43	24.36
1992.05.26	65.03	21.09	350.35	1.01
1992.11.17	234.57	19	139.24	10.48
1993.02.16	327.23	-12.23	266.26	-22.45
1994.07.29	125.43	18.5	19.44	10.07
1994.09.13	170.03	3.57	267.33	-20.03
1995.02.07	317.48	-15.3	42.39	15.21
1995.05.22	60.31	20.15	337.39	-4.34
1996.01.19	298.15	-20.31	277.12	-18.23
1996.12.11	259.17	-23	264.05	-18.23
1996.12.25	273.32	-23.23	95.49	18.2
1997.05.12	51.23	18.06	114.52	16.41
1997.09.23	180.04	0.02	84.02	18.02
1998.06.04	73.15	22.23	185.02	0.17
1998.08.18	144.55	13.13	96.31	18.57

续表

时 间	太 阳		月 亮	
	黄经度(°)	赤纬度(°)	黄经度(°)	赤纬度(°)
1998.11.17	234.29	−18.53	211.23	−7.44
1999.05.17	55.58	19.15	299.27	−17.16
1999.06.30	97.51	23.12	290.52	−19.52
1999.12.27	264.39	−23.2	7.15	−1.22
2000.08.22	149.16	11.44	50.04	13.15
2000.09.25	182.17	0.55	145.29	15.39
2001.06.14	83.04	23.15	352.1	−7.48

第十一章

江恩角度线与时间价位计算器

　　江恩角度线的产生使无序的市场有了方向标，从而为交易客观化奠定了基础。角度线是实战与预测两者完美的结合体，江恩角度线与百分比都是江恩最伟大的发现之一。

　　江恩宣称，一旦当你完全掌握角度线，你将能有解决任何问题，并确定任何股票的趋势。黄柏中先生在他的《江恩理论》一书中，讲述了江恩角度线是按时间与价位之间的比例计算出的一条直线，其最重要的是1×1线，1×1线所代表的乃是一个单位的时间相等于一个单位的价位，当市场达到这个平衡点时，市场会出现震荡。江恩角度线是由市场重要顶部或底部延伸出来的，用以判断市势的好淡，在1×1之上的角度表示市势更强；反之则弱。具体情况如下（图11-1）：

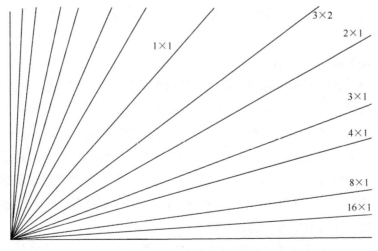

图11-1　江恩角度线

1×16(86.25°)每天上升160点；

1×8(82.5°)每天上升80点；

1×4(75°)每天上升40点；

1×2(63.75°)每天上升20点；

1×1(45°)每天上升10点；

2×1(26.25°)每天上升5点；

4×1(15°)每天上升2.5点；

8×1(7.5°)每天上升1.25点；

16×1(3.75°)每天上升0.625点。

此外，江恩特别提到以下两个角度线，它们对长线走势比较重要：

1×3(71.25°)每天上升30点；

3×1(18.75°)每天上升3.33点。

对于较短走势而言，以下两条江恩线尤为重要：

2×3(56.31°)每天上升15点；

3×2(33.66°)每天上升6.66点。

江恩角度线是时间与价位的结合体。江恩理论是价格等如时间，时间等如价位，两者可以互换，这一点必须牢记。让我们以60°为例，在实战中股价沿着60°运行，那么我们所关注的是：时间上6天的变化，1/2为3天的变化，或60天或30天的变化。一般为6天或60天再次回归到60°线上，股价若脱离60°后，那么在6天或60天时很容易形成顶部或底部。价位可为6元，3元，或者0.6元，60点，等等。若时间价位同时到达，变盘近在眼前，这就如江恩所讲：当价格与时间形成四方形，市场转势近在眼前。也就是时间与价位达到平衡时市场将转向。平衡，是中华民族最高的哲学，不论最神秘的太极、《周易》还是伟大的《中庸》，都是圣贤们费尽心思从不同角度、不同层面讲述一个道理，那就是平衡。所谓一阴一阳谓之道；所谓太极生两仪，两仪生四象；所谓祸兮福所倚，福兮祸所伏，等等，都是在描述平衡时世间万物的最高境界。

关于平衡的经典话语数不胜数，在此不一一列举，我们只想在资本市场上看看有 K 线的地方市场是如何演绎平衡的。实际上，江恩理论最核心的秘密就是在寻找平衡与失衡的落脚点，只有市场达到失衡时才是我们殷切寻找的机会，只有市场达到平衡时才是我们殷切寻找的机会。超出这两点我们只有等待与耐心。

那么什么叫平衡？是谁的平衡？参照物是谁？江恩给出了两个要素，一是价格，一是时间。当时间与价格比例达到 1:1 时，当时间与价格达到 1:2 时，当时间与价格达到 2:1 时等，都叫作有条件的平衡。当市场时价要素突破 1:1 时，当时间与价格打破旧有的平衡时，失衡就来了。平衡与失衡都是机会，都是我们要寻找的重要实战落脚点。如图 11-2 所示。

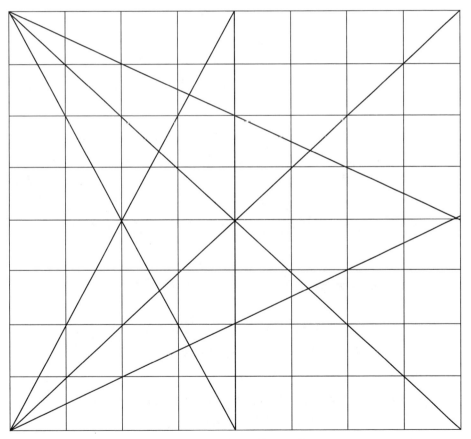

图 11-2　江恩角度线平衡原理图

现在市面上的书一提到江恩角度线就左相交右相压的，简直给江恩理论带来了灭顶之灾，不知那些专家是有意为之还是始终就没弄明白，看了真让人心寒，让江恩先生心寒啊！

另外，在趋势中存在着股价90°与180°互补的现象（90°-N=S，180°-N=S）。如果股价上升趋势支撑线为30°，那么短期下降趋势便为90°-30°=60°，中长期是150°，这就是江恩角度线判断趋势的一个关键，虽然这样讲述不太合理，但聪明人知道笔者在说什么。

以上就是角度线最关键的秘密。我们把这个原则可以移植到移动平均线上。当股价站上30天平均线，我们就开始关注3天后的变化。若站上30天平均线后加速上升，则可能会在15天或30天见顶；股价若从上向下击穿30天平均线，且不再反弹站上30天平均线，则很容易在30天见底。价格方面则关注3元、1.5元或15点、30点的变化情况，此时你很容易从容不迫地买在低位或卖在高位。知道了这些，你可以完全抛弃旧有的条条框框，看着K线而行动了。恭喜你。此时，你一定会有"会当凌绝顶，一览众山小"的感觉。

关于角度线的应用，笔者建议你自己画K线，之所以让你自己画，是因为自己画与电脑画有着本质的区别，电脑画角度线可以随着时空缩小与放大而改变其位置，而自己画哪儿是铁板钉钉的不会改变的，画一定要画1:1的K线，当你画K线长达2年以上时，结合理论你就会发现许多秘密。一分耕耘一分收获，勤奋是成功者的基础。愿你从此不再懒惰，愿你从今天开始有一个新的面貌。

一、时间价位计算器

时间价位计算器已经被大众广泛所知（表11-1和图11-3），但其中四个数字36、52、90、144一直困扰着众多的研究者，黄栢中先生也没有解释，何造中先生曾经解释过，可以肯定地讲，这是一种错误的解释，这不是何先生的错，也不是黄栢中先生翻译的错，而是江恩先生留下的一个错误，究竟是故意还是无意的，这一点已经没法查明。其中的52是个错误数字，应该是54，在解释原因之前，我们先看看这个时间价位计算器是怎样来的，其来源与理念是不被广大研究者所知晓的。

表 11-1　江恩角度线与江恩百分比关系

价格	百分比(%)	几何角(°)	江恩线
1/8	12.5	7.5	8×1
2/8	25	15	4×1
1/3	33	18.25	3×1
3/8	37.5	26.5	2×1
4/8	50	45	1×1
5/8	62.5	63.25	1×2
2/3	67	71.5	1×3
6/8	75	75	1×4
7/8	87.5	82.5	1×8
8/8	100	—	—

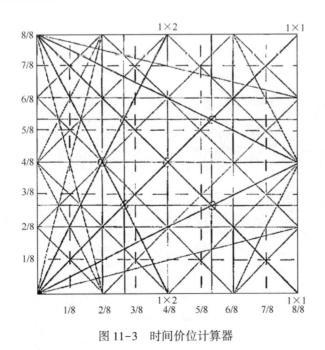

图 11-3　时间价位计算器

　　江恩的大量研究出自天文学，其中一个重要的方面大家都忽略了，那就是天文学的一个分支星占学中的炼金术。下面这段话是江恩在《空中隧道》说的：

我相信《圣经》中所说：了解一切，然后发现最好的、持有它。我很相信星相学，拿破仑等历史上伟大的领袖人物也都相信星相学。反复阅读《圣经》，我获得了大量的知识，我常常独自祈祷，独自拥有自己的发明。我相信这样的一种古老说法：在沉默中保持沉默，沉默着完成所有的理想。

大家从图11-4中看到了什么？这是一幅15世纪的星占图，一个活脱脱的时间价位计算器，从这里我们就能发现，江恩理论的基础来源于星占学。关于江恩的星占学，笔者要说的是，这个星占学与江恩真正预测、实战是完全不搭边的，这就是笔者为什么说江恩理论的基

图11-4　星占图

础来源于星占学的原因。笔者这么说相信很多人会反驳，并且会拿出江恩的手稿来证实。不得不说的是，江恩也是个人，从研究创立是一个不断完善的过程，江恩在最初也是用星占学来对应市场。但是，江恩到最后应该是彻底地抛弃了星占学的那套东西，而是借鉴了其原理。关于这一点可以从《神奇的字句》里有所窥探，江恩预测学笔者研究了近20年，而江恩的交易学笔者直到2014年才真正突破，也终于明白了江恩为什么要写一部《神奇的字句》，江恩真正交易的秘密在《神奇的字句》里。所以笔者建议每一位有志于此的朋友，切莫再走星占学这个不必要走的弯路，把焦点回归到市场本身，这是笔者最真诚的劝告。

关于星占学的讨论可参考《大预测》(伊丽莎白·泰西埃著，白巨翻译)。

不论是角度线还是波动率，以及轮中轮，都是来源于星占学，时间价位计算器也是来源于星占学，这是炼金术士们留下的宝贵遗产。古代的炼金术士们都是熟练运用星占学的，他们把星占学中的七颗星与七种金属联系起来：土星——铅，木星　锡，火星——钛，金星——铜，水星——汞，月亮——银，太阳——金。对于炼金术家努力使金属变形，逐步变成纯金，每一步都应在行星的影响下进行。星占学可以用来寻找金属的正确时间，这就是以藏在时间价位计算器背后的故事。我们来还原真相：若是把江恩角度线去掉就会看到24格子，这24个格子的一半就是12个，分别代表着12宫，这就是星占学中星占图的本来面目。有关详细资料可参考相关书籍。大家都知道，地球每自转1°需要4分钟，自转1周则要4×360＝1440分，为24小时，也就是说每小时运行15°，这也就是轮中轮起步线的由来。如果我们将圆化为方，那么24个格子就是24小时的"代言人"。360÷15＝24，其1/2为7.5°，在方格中起步线为15°，在这里江恩把它缩小10个单位，化为1.5，具体情况变化如下：

$$1.5×24＝36$$

$$2.25×24＝54$$

$$3.75×24＝90$$

$$6×24＝144$$

1. 5+0. 75＝2. 25

2. 25+1. 5＝3. 75

3. 75+2. 25＝6

继而 36+54＝90

54+90＝144

这就是其本来面目。顺便说一句，江恩也正是在这个思路上创造了波动法则，希望大家能仔细体会其中的含义。所以，原来的 52 应该为 54 方才是正确的。现在大家所看到的有关波动法则与波动率的言论不正确也就在于此。知其然，更要知其所以然。

二、时间价位计算器的破译

江恩在其众多著作中显示了大量地运用时间价位计算器，时间价位计算器是江恩的杰作，更是古老星占学的智慧光芒再现。时间价位计算器实际上是左右的交融，是时间与价位的交点，也就是未来的点位。时间价位计算器犹如龙穴，是阴阳恩爱交融的结果，这里就是时间价位汇聚的结果。这些就是时间价位计算器的秘密。

2005 年市场在下跌 4 年之久后见到了 998 点，此后运用 29 个月的时间从 998 点上涨到 6124 点的历史高点，此次牛市之大是从未有过的，是自 1994 年 325 点以来股市涨幅最大的一次。在顶底之间画出四方形，然后不断地重复分割，形成此图。一个时间价位计算器共24 个格子，若每个格子分割开来，需要画 7 根(顶底不算)水平线，我们来寻找未来的低点在哪里？如图 11-5 所示。

通过画线可以清晰地找到，是在第 7 根水平线上，这个位置刚好也是市场最低点的位置——神奇之至。如图 11-6 所示。

2008 年 10 月 28 日市场见到 1664 点，次贷危机的影响力开始结束，从而展开了一次比较大的上涨行情。这次上涨是修正型的上涨，直到 2009 年 8 月 4 日见到 3478 点后结束上涨周期，展开下跌，未来行情会在哪里止跌？支撑点在哪里？在江恩主宰的数字里。市场第一波在③处止步，第二波在⑤处止步，第三波在⑦处止步。如

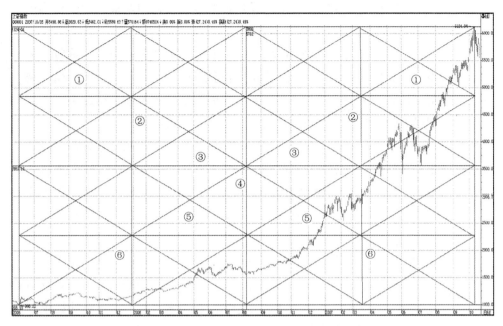

图 11-5　上证指数 2005—2007 年时间价位器

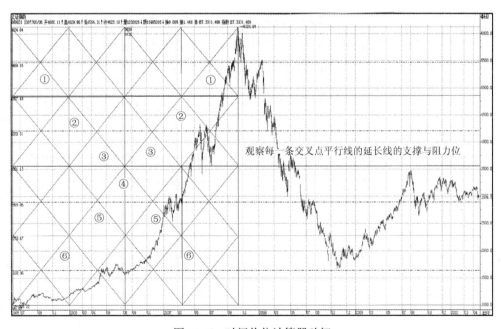

图 11-6　时间价位计算器破解

图 11-7 所示。3478 点后市场展开调整，那么它的调整目标位在哪里呢？如图 11-8 所示。

一个简单的 1~7 的数字在时间价位计算器中显得如此重要，多少次的案例验证，一个大行情的回调处往往会在第 7 根水平线上结束，这是巧合吗？显然不是。将 7 与时间价位计算器结合起来，是运用时间价位计算器的重要法则。如图 11-9 所示。

还记得江恩百分比吗？还记得江恩 7 的重要性吗？还记得江恩的主宰数字吗？一切的秘密均由 7 出发。图 11-10 和图 11-11 是火热的《琅琊榜》背景图，这种风格在国内遍地都是无需多讲，这是我国建筑风格的中窗的一种存在样式。若仔细看看，这种图案样式与江恩时间价位计算器有什么不同吗？完全相同，简简单单的线条构造了一种和谐之美，笔者在多处说过，越是简单的越是摆在你眼前的东西，人们往往选择了忽略，而不是重视，这种简单的方格子造型背后究竟隐藏着什么？当初祖先们为什么会选择这些图案，想必这不是简简单单的摆设，一定是祖先们想讲述一些东西，包括我们玩的一些游戏，其背后的内涵已经完全丢失，我们需要更多的领悟来还原老祖先的智慧结晶。江恩种种迹象与其说去埃及游猎后的领悟，倒不如说是对中国古老文化的阐述。四方形，轮中轮，时间价位计算器，等等，都显示着中华古老文化的不朽传奇。目前世人只是看到了轮廓之美，却没有看到轮廓之美的背后蕴含着的传奇密码。

美的轮廓，若是失去了内在的智慧，其价值也会随着历史的年轮而消失。国内流行的栅栏线（图 11-12），不知大家有没有想过为什么会在栅栏线上受阻，这就是因为横切的面直接点击到了 90° 拐点。江恩网格线就是如此形成，一个上升 45° 的趋势，其横切面就是左上方斜下来的 45°。一个四方形的城墙，其拐角便是一个直线的 90°。寻找方向与角度，在一个 90° 拐角处等候，必定一击便中。江恩学历并不是很高，充其量就是一个国内高中生，但他的思想之高，绝对是一代宗师级，领悟世间万物法则，便是江恩真正的秘密所在。

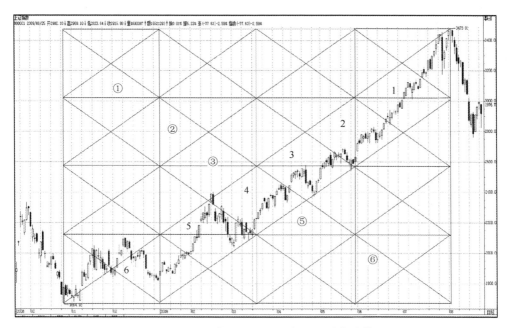

图 11-7 上证指数 2008—2009 年时间价位计算器

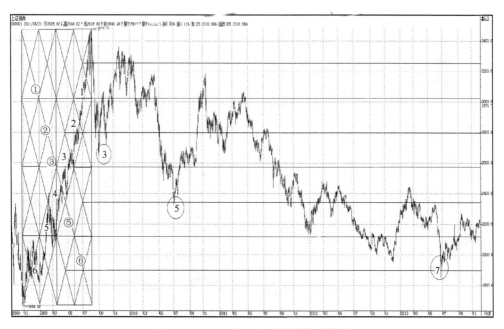

图 11-8 3478 点回调时间价位计算器

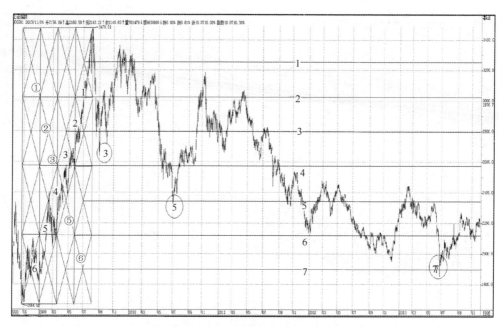

图 11-9　双 7 的时间价位计算器

图 11-10　《琅琊榜》背景图（一）

图 11-11　《琅琊榜》背景图(二)

图 11-12　寺庙窗棂

还原的星占图如图 11-13 所示。一个好的法则是接近自然法则，越是优秀越是接近自然法则。

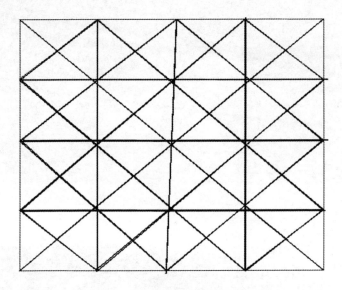

图 11-13　星占图还原图

当我第一眼看到时间价位计算器时，立马想到这不是 24 个小孩子游戏图吗？"24 个小孩子"游戏是我们小时候放学后经常玩的一种游戏，叫"马虎"(我老家的土话，就是狼)吃"小孩子"，又叫"24 个小孩子"。这是老一辈人留下来的，图形可以在纸上画，也可以在地上画。我们小时候放了学经常先找一块大石头，在石头上画一个图形，再找几粒石子，三五个人一玩就玩很长时间。选两颗大的石子作为"马虎"，再选几粒(具体几个小孩子忘记了)小的作为"小孩子"，把"小孩子"放在四个红圈上，"马虎"随便放，走直线，越过"小孩子"堆就能拿一个"小孩子"下去，直到"小孩子"被吃光为止。"小孩子"想尽办法不让"马虎"越过，直到"马虎"不能走路为止。如图 11-14 所示。

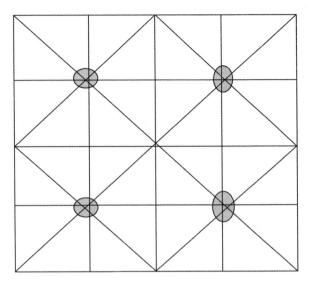

图 11-14　"24 个小孩子"游戏图

实际上还有一种游戏叫"涞"的，估计也不是这个字，读音是 lai。我记得是由四个口字放在一起，也就是"回"字中再加一个回字，在我的记忆中好像是这样子的。具体坑法记不太清楚了，如图 11-15 所示。

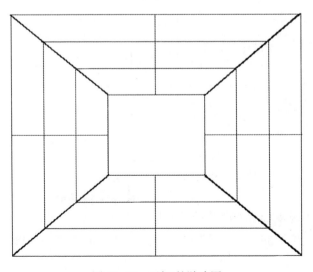

图 11-15　"涞"的游戏图

再比如查茅斯栏子的游戏，如图 11-16 所示，它在轮中轮中运用时间或价位的正反交会点，来查找一年或一个月的高低点。

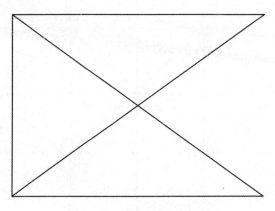

图 11-16　查茅斯栏子游戏图

我们小时候玩的"鸡毛蒜皮"游戏也是，每个子一次走 4 步，若敌人正好在第 4 步上就可以吃掉对方，还念念有词，"鸡——毛——蒜——皮"，然后吃掉对方的子。如图 11-17 所示。

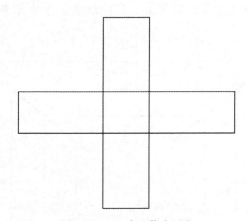

图 11-17　"鸡毛蒜皮"图

小时候玩过的游戏谁又能想到就成了以后的知识储备，成了破解时间价位器的法宝。这就是缘分。顺便告诉大家，江恩发现的控制时间因素就隐藏于时间价位计算器之中，切莫等闲视之。

一个缘字，一份执着，一份经历，一份收获。

三、江恩角度线的实战法则

由于国内软件各自为政，其研究者又各不相同，造成了很多软件画江恩角度线的方式不尽相同。由于各自的取舍点不同，因此其结果也就不尽相同，但并不影响其效果。江恩角度线最重要的是 1×1 线，说它重要并不是说在 1×1 线上为强势，1×1 线下为弱势，这是一个很大的错误，1×1 代表着时间与价位的分界线，1×1 线是未来与现实的分界线，是时间或空间与镜像的分界线，这一点千万要记牢。如图 11-18 所示。

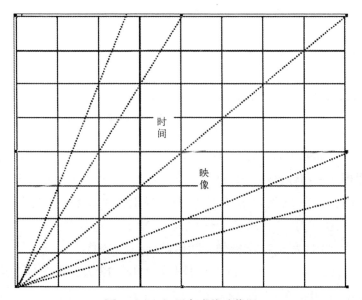

图 11-18　江恩角度线映像图

当你用江恩线时，其价格从 1×2 线跌破时便是一个重要的信号，下一次的循环或计算将从此开始，从跌破 1×2 线开始直到 1×1 线跌破为止；当价位持续跌破 1×1 线，从跌破 1×1 线的 K 线开始反方向计算至 1×2 线，依次延伸至 0 点。至于价位你自己领悟吧，从此一盏明灯便照亮了投资历程中的黑暗。请好好欣赏江恩角度线，你便会有更奇妙的观感。图 11-19 是上证指数江恩角度线映像图，反映作用与反作用，阴与阳的和谐统一。

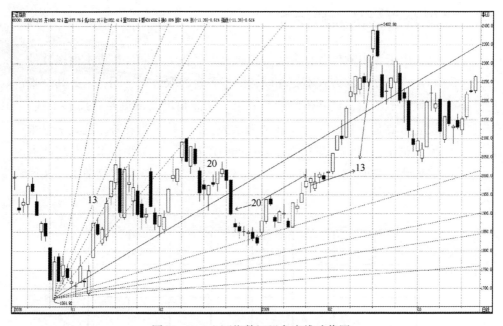

图 11-19　上证指数江恩角度线映像图

　　以下列举的所有个股都是随机选的，并没有刻意寻找符合标准的图形，一切皆自然。图 11-20 为新大洲在 2009 年 9 月 29 日开始的上升图，上升 13 天后在 10 月 26 日跌破 1×2 线，然后运行在 1×1 线之上，在 11 月 25 日跌破 1×1 线运行 22 天，这是开始运行映像时间，12 月 23 日完成 22 天映像，然后运行 13 天映像。

　　2008 年同方股份 11 月 4 日开始上升，13 天后跌破 1×2 线，从 11 月 21 日开始至 12 月 29 日在 1×1 线上运行，时间是 27 天，从 12 月 30 日跌破 1×1 线开始运行映像时间，至 2009 年 2 月 13 日完成 27 天，该股次日见顶，连续大跌第二映像 13 天。如图 11-21 所示。

　　2008 年 11 月 21 日跌破 1×2 线，最低 4.05 元，4.05 + 1.3 = 5.35 元。

　　2008 年 12 月 30 日跌破 1×1 线，12 月 31 日最低 4.77 元，4.77 + 2.7 = 7.47 元。

　　2007 年 8 月 8 日三元股份跌破 1×3 线，8 月 9 日最低 6.55 元，6.55 + 1.6 = 8.15 元，最高见到 8.35 元。

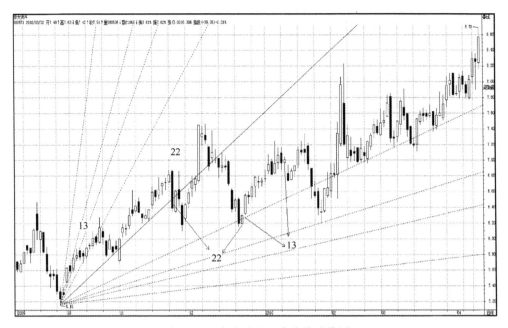

图 11-20　新大洲江恩角度线映像图

图 11-21　同方股份江恩角度线映像图

8月28日跌破 1×2 线，8月30日最低 6.96 元，6.96＋1.4＝8.36元，实际走势最高见 8.35 元。

10月11日跌破 1×1 线，8.35－2.7＝5.65 元，这是下跌走势的第一目标位。如图 11-22 所示。

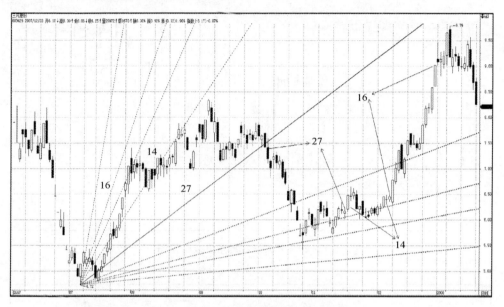

图 11-22　三元股份江恩角度线映像图

市场是循环的，不论是时间还是空间，不论是中位数还是角度线，市场走势的角度往往以第一波的角度重复发生，如第一波是上升角度，则后面的上升中大多重复第一波的升势。图 11-23 显示的是欧元/美元 2012 年 2 月初在 4 小时图表上的表现情况。2012 年 2 月 6 日 12 点，市场出现了一波上涨，在角度线上一直沿着 55°前行，直到 2012 年 2 月 10 日 4 点跌破 55°线。根据互补理论下降角度，理应是 325°才能够完成上帝十字架的构造，因此，在这一波最高点处选择画 325°线，市场大概率是沿着该线下行，直到 2012 年 2 月 16 日 12 点这个根 K 线见到底部。

后市再次呈现 55°线上升，然后再次以 325°线下行，如此完美至极，如图 11-24 所示。当然，你也可以用 1/2 线，或 1/4 线，但不论用哪条角度线，市场完美程度一定会让你大吃一惊。

图 11-23　欧元/美元角度线轮回图（2012.2.3—2012.3.5）

图 11-24　欧元/美元角度线轮回图（2012.2.17—2012.3.19）

在画角度线时，由于国内软件的限制，许多软件不能单独画角度线，因此，要想领悟更多的内涵，可用任何一款 MT4 或 MT5 软件去画角度线。当然，你也可以亲手去画，这样你会看到更多的东西。

江恩角度线与时间价位器，说到底就是中国《易经》中的解卦，64 卦为解卦，8×8 = 64 也。

至此，江恩角度线的秘密真正破解完成。

第十二章

百分比与互补论

百分比是江恩理论中一个相当重要的理论，江恩先生也自感是个伟大的创举。他在论述百分比时宣称，这是他最伟大的发现之一。可见江恩对百分比的重视程度之高，是其他发现所不能比的。笔者通过研究发现，截至目前，百分比理论是最具有实战功能的交易系统，即便是实战威力相当强大的角度线系统、机械的交易系统都无法与百分比相比。因此，希望读者朋友有任何轻视百分比的想法都要及时丢掉，否则你将会一直留在江恩预测学中而不能自拔，丧失江恩交易系统的先大优势。

让我们先来看江恩是怎样讲述百分比的：

"我最伟大的发现之一，是如何计算平均指数和个股的最高价和最低价的百分比，极限最高价位和极限最低价位的百分比可以指出未来的阻力位。

"每个最低价位和未来的最高价位之间存在着一种关系，而且最低价位的百分比，可以指出在什么价位出现下一个最高价。在这个价位，你可以冒有限的风险卖出股票的多头仓位并做空。

"极限最高价或任何小头部都与未来的底部或最底位有关。最高价位的百分比告诉了将来在哪里预期出现最低价，并给你可以冒有限的风险买入股票在其阻力位附近。

"最重要的阻力位是任何最高价或最低价的 50%，其次是平均指数或个股最低价的 100%。你还应当使用 200%，300%，400%，500%，600%……或更高的百分比，这取决于从最高价或最低价开始的价格和时间周期。第三个重要的阻力位是最高价和最低价的 25%，第四个重要的阻力位是极限最低价和最高价的12.5%；第五个阻力位是极限最高价的6.25%，但这仅在平均指数或个股在非常高的价位交易时使用。

"第六个重要的阻力位是33.3%和66.6%，这个百分比应紧接在25%和50%之后得到计算和关注。"

请你仔细读上面的这段话百遍，这段话里包含着最实用的实战技巧与预测法则，一旦你真正明白了，就会和江恩说得一样，掌握了最伟大的发现之一。笔者在此已经告诉你了，看你的悟性怎么样。现阶段的高级实战技术也都没逃出此理论，所有别人的东西不仅是拿来主义，而是拿来后彻头彻尾地变成自己的东西才能发挥真正的威力。让我们来研究一下图12-1吧！

图12-1　太极图

图12-1正是太极图。百分比与中国六经之首《易经》有很深的渊源。《易传·系辞上传》中有曰：易有太极，是生两仪，两仪生四象，四象生八卦。太极图是八卦的核心，是《周易》的精髓。太极图是圆形的，代表宇宙混沌一气，一元为始。太极包含阴阳，太极图富有阴阳消长的规律，太极图的阴阳各半由小到大，由大到小，说明太极图的曲线蕴含有事物变化规律，体现着事物的量变到质变规律。不是静止的、是发展的、转化着和运动着的太极图，至阴至阳，表示事物物极必反，重阳必阴的道理。太极图负阴抱阳，阳中有阴，阴中有阳，

阴阳互相联系，互相制约，分之为二，合之为一的统一体。

阴阳互补，对立统一，这是太极图的实质。一个补字何等了得，大到宇宙，小到宇宙之子，无不在一个补字上打转转。笔者正是受了太极图的感召力研究了互补论，从灵感到具体的研究运用，共用了10年多的时间，笔者不敢说这是一个非常好的理论，但起码是一个实实在在的理论，不论是中国还是外国，不论是期市还是汇市，股市也罢，金融也罢，人生也罢，它完全可以指导我们的生活与工作。

互补论是个哲学话题，也是个金融实战的话题。互补的概念无处不在，我们常说，一个成功的男人后面必定有一个女人在撑着，一男一女，方显伦理之美；一个股市有牛有熊方显智者之智；昼有日，夜有月，一阳一阴，方显自然之美；一个人有盛运，有衰运，方显天机之秘。学习上要文武双修，才不至于偏废，经济上计划与市场互用，经济才能健全。

天地互补，天生万物，地养万物。男与女，夫与妇。方位，子午互补，卯酉相冲。人体，左手与右手、左脚与右脚，有手心必有手背。股价，顶底形态互补。山川无低不显高，无陡不显坡，无山之高，就不能显水之深。

八卦也是互补，无生不显克。一个正常人走路，没有说你伸左脚同时出左手的，除非你有特异功能。一个有力的拳头必须先收回，再打出去，一伸一收，成为互补。经济与道德是互补的，如果有哪个国家，有哪个民族将道德与经济同步发展，那么这个民族、这个国家就是真正的强大。

百分比就是在互补原理上建立起来的。一个百分比讲究一个补字，一个上，一个下，无论怎样，两者加起来必定等于百分之百。在股市上只有涨跌二字，有多头必有空头，有顶必有底，有时间必有空间，有庄家必有散户，等等。索罗斯的反射理论也可以归纳为互补论，尽管大多数人看不明白，但索罗斯称这反射不是他第一个发明的。同样，互补论也好，其他成果也罢，真理总是事先存在的，笔者只不过通过自己的努力求证让大家看到结果而已。

熟悉道氏理论的投资者应该知道，判定趋势改变的核心不是高点，而是低点，只有低点的突破才能够确定趋势的改变，而江恩在这一点上竟然与道氏理论的趋势判定惊人一致。如此，只能说明最低价是存有市场中非常重要的秘密。

在一般的软件上都能画出百分比，连接一个高点与一个低点就可以得出百分比，而江恩百分比由 9 个不同的百分比组成，分别是12.5%，25%，33%，37.5%，50%，62.5%，66.7%，75%，87%，对应着江恩角度线 8×1，4×1，3×1，2×1，1×1，1×2，1×3，1×4，1×8，其中，33%~37.5%与62.5%~66.7%这两组往往是重要的支撑位与阻力位。如图 12-2 所示。

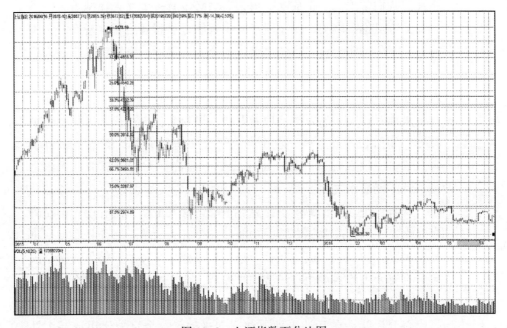

图 12-2　上证指数百分比图

图中的百分比实际上是一种成本百分比，也就是通常主力进入后的平均成本，它制约着涨跌的幅度。在中国股市一般主力运用百分比操作计划是很常见的。实际买卖中，一旦从前期高点回调 12%，18%，25%，30%，32%，34%，都会出现一定的机会。特别是一些大黑马出现 25%、32%和34%最为常见，一旦达到这个百分比买入，一般都会有不错的收获。若从底部上升 12.5%，25%，34%，股价出现异动，一定要密切关注，往往这里是加速行情的开始。当大盘不好时，股价会在30%左右见顶。一般观察3个月前是否有异动，有时也要观察6个月前的。下面让我们研究历史上的黑马一般调整的幅度。

1999年6月30日上海梅林从9.45元的位置上停住了上升的脚步，后市跟随大盘一路下行，并没有突出的表现，但该股却从11月12日开始拒绝与大盘同步，逐渐抬高底部，最终在2000年一飞冲天，从9.45元回落到11月12日最低点的6.57元，回落幅度34%。如图12-3所示。

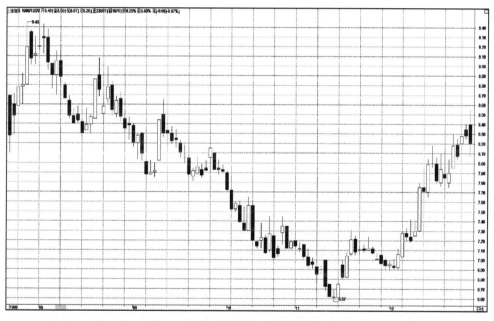

图12-3　上海梅林股价回落幅度34%

1998年11月17日上证指数从8月开始的反弹结束，东方明珠也出现了一定的反弹行情，但该股并没有出色的表现，即便是在后来的下跌中基本上也呈现出与大盘一致的步调，但该股却在4月中旬出现了强烈的上涨欲望，与大盘呈现出了不同步的状态。后市该股成为"5·19"行情的龙头之一。从1998年11月5日的17.8元至1999年2月8日的13.41元，回调幅度25%。如图12-4所示。

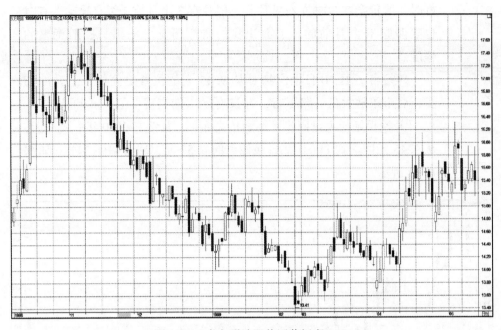

图 12-4　东方明珠股价回落幅度 25%

胶带股份在 2000 年上半年并没有出现特别突出的走势，但该股却在缓慢震荡上升中呈现出不断堆积上涨的能量。该股从 7 月末领先大盘大幅回落，但大盘同期到达底部，从最高点 7 月 25 日的 19.27 元到 9 月 25 日的最低点 14.60 元，其回调幅度为 25%。如图 12-5 所示。

岁宝热电在"5·19"行情里面与上海梅林一样并没有太多的表现，但该股从 1999 年 10 月 15 日出现异动，此后该股基本上拒绝与大盘同步，后市成为 2000 年中一只大牛股。从 1999 年 11 月 11 日最高点 11.73 元下降至 1999 年 12 月 28 日的 8.01 元，该股回调幅度为 32%。如图 12-6 所示。

浪潮软件从 1999 年 6 月 24 日开始便一路走低，整体步调与大盘同步，从最高点的 13.59 元下降至 1999 年 12 月 27 日的最低点 9.29 元，回落幅度 32%。后市该股逐渐走强，直至成为 2000 年最牛的个股之一。如图 12-7 所示。

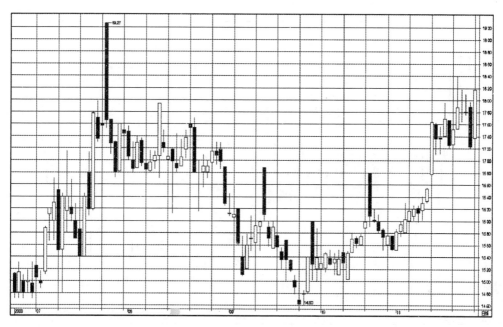

图 12-5　胶带股份股价回落幅度 25%

图 12-6　岁宝热电股价回落幅度 32%

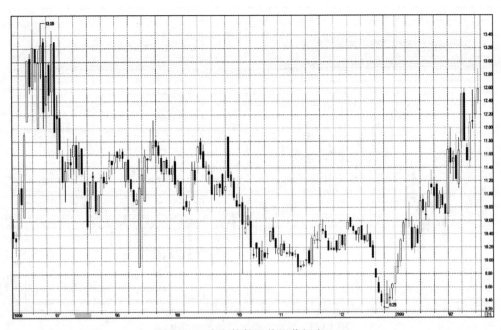

图 12-7　浪潮软件股价回落幅度 32%

　　乐凯胶片从 1998 年 11 月初开始回落，一路跌到 1999 年 5 月 10 日的最低价，表现得非常弱势，但该股作为刚上市不久的次新股，其投机价值没有得到很好的表现，大涨之前的回落幅度 32%，从最高点的 13.7 元下降至 9.3 元。如图 12-8 所示。

　　像以上这类例子比比皆是。从黑马时间之窗上看，主力往往是以每年的第一个月，每月的第一周和每周的第一个交易日发动行情。如 2000 年的上海梅林是 1 月开始，2002 年的厦门电子也是 1 月，一旦发动，往往大幅上涨 9 天、14 天、18 天、24 天、30 天等。还有就是在月末，以及中旬 17 日、18 日这两个时间点。月末是以时间为主，时间周期比较长，月中的 17 日、18 日，往往选用好彩头。它们在启动前往往是高度缩量，一旦放量就会持续放大量。从结构上看，它们发动行情往往是在 C 浪中的第五浪结束处，不论是在月线、周线，还是日线上，这才是最安全的个股与最聪明的主力。当个股主力庄家由于大势或其他原因，股价回调至该主力进货区域顶部，或启动区域时，大资金进场阻击比较安全，这也是专业操盘的原则所在。另外，回调时关注成交量的换手率，这是研究最有实力的主力操盘手法的制胜法宝。1999 年 2 月的昆明机床，1999 年"5·19"的东方明珠，2000 年初的上海梅林，2000 年 10 月的胶带股份等，都显露出一流的操盘手法。只有研究一流操盘手操作的手法，才能取得炒股成功的真经。有一句古话说得好：取法其上得乎其中，取法其中得乎其下。正是如此也。上涨是为了延缓下跌，下跌是为了更好地上涨。

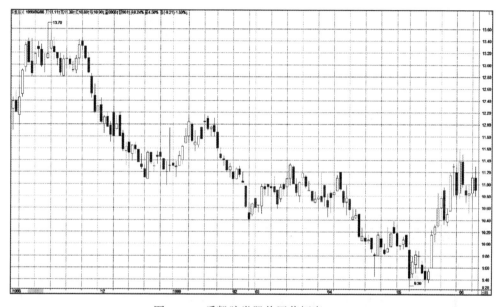

图 12-8　乐凯胶卷股价回落幅度 32%

利用波段高点与低点的百分比，可以测算未来市场的关键点位，许多历史数据显示上证指数一般回调或上升以高、低价位的 12%、24%最为见常。下面我们列举一些例子来说明，经验性的统计有助于我们研判未来的大势行情。

1998 年 6 月 4 日见 1422 点回落，至 8 月 18 日回升，最低探至 1043 点，收盘 1070 点附近，1422－1422×0.24＝1080，相差 10 点左右。如图 12-9 所示。

1999 年"5·19"行情一路上升至 6 月 20 日见 1756 点回落，至 1999 年 12 月 27 日见底，最低见 1341 点，1756－1756×0.24＝1334，相差不到 10 点。如图 12-10 所示。

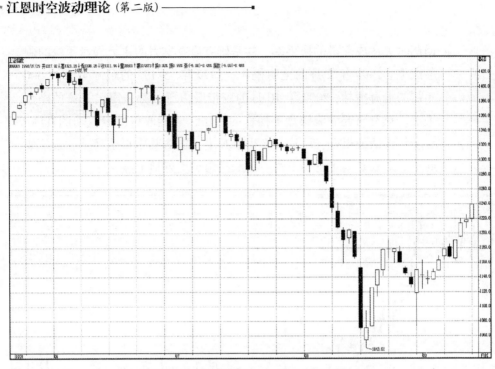

图 12-9　上证指数 1998 年 6 月回落图

图 12-10　上证指数 1999 年回落图

2000 年 8 月 22 日产生暴跌，实际上牛市宣告结束，当年波涛老师退出基金管理。2114−2114×0.24＝1860，而暴跌在 1874 点附近筑底后开启反弹行情。如图 12−11 所示。

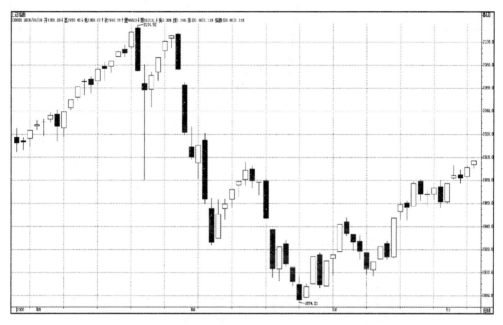

图 12−11　上证指数 2000 年 8 月后回落图

2000 年后股市反复震荡直至 2001 年 6 月 14 日 2245 点，宣告上涨结束，长达 84 个月的牛市在 2245 点结束，这是当时中国股市经历的最长的一次牛市行情，从而引发了长达 5 年的漫漫熊途，有多少人在熊途中死亡，有多少亿万变千万，千万变百万，甚至到了几万，这就是熊市的力量，财富再分配是股市的功能之一。第一波下跌的底部出现在 32% 的回调处，即 2001 年 10 月 22 日见底迎来了熊市的第一次反弹，如图 12−12 所示。久违的反弹引发了多数人的梦想，没成想经过 33 天的反弹熊途再现，最高点于 12 月 5 日见 1776 点，继续下跌至 2002 年 1 月 29 日，最低见 1339 点，1776−1776×0.24＝1349，相差 10 点。如图 12−13 所示。

图 12-12　上证指数 2001 年 6 月回落图

图 12-13　上证指数 2001 年 12 月后回落图

2002 年 6 月 25 日、26 日两天让超级机构跑了一个精光，这一天的成交量放了中国股市有史以来的最大量，这个成交量直到 2006 年超级牛市才被突破。上证指数最高 1748 点，回落最低见 1311 点，1748-1738×0.24＝1328，相差 3 点。如图 12-14 所示。

以下两例是从底部测算顶部。

2002 年 1 月 29 日股市迎来第二次反弹，从 1339 点开始在历经 28 天后见到 1693 点回落，1339×1.24＝1660，相差 33 点。如图 12-15 所示。

1998 年 8 月 18 日股市反弹至 11 月 17 日见 133 点，回落到 1043 点开始又一次反弹，最高见 1300 点，1043×1.24＝1293，相差 7 点。如图 12-16 所示。

以下是最近几年的市场表现。

2001 年 2245 点行情下行到 2005 年的 998 点，998×1.12＝1117，第一波反弹就是超越 1117 点。当市场经过反复后上行 24%，又出现了一次回调确认的动作，这个动作恰恰标志着牛市已经开始了。如图 12-17 所示。

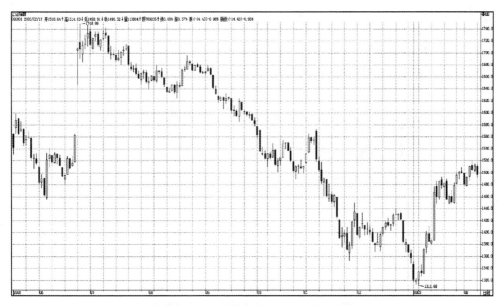

图 12-14　上证指数 2002 年 6 月回落图

图 12-15　上证指数 2002 年 1 月回升图

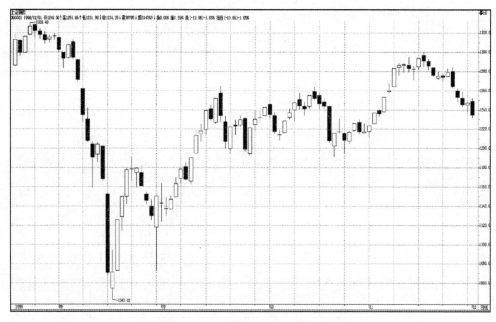

图 12-16　上证指数 1998 年 8 月回升图

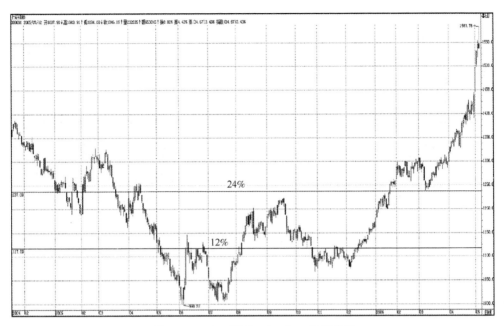

图 12-17　上证指数 2005 年 6 月回升图

　　2008 年底，次贷危机影响的熊市逐渐消退，市场从 1664 点开始反复回升，第一波刚好到达 24% 附近，然后冲过后再一次确认，一波新上升又开始了。如图 12-18 所示。

　　从 1664 点开始的上升至 2009 年 8 月 4 日见到了 3478 点，市场出现重大转折，回落的第一波便是 24% 处，3478 − 3478 × 24% = 2643，几乎没有任何误差。如图 12-19 所示。

　　当市场回到了 1849 点后开始反复震荡，第一波基本到达 24% 附近，直到 2014 年 9 月 4 日穿过 24%，市场两次回试 24% 的位置，然后开始了疯狂地上涨。如图 12-20 所示。

　　江恩在论述百分比时是用"伟大"来形容的，可以想想何为伟大，它注定是一个超级发现。让笔者来给大家提个醒：阴阳互补才是一个圆，否则单阴、孤阳不会成为一个圆的。百分比，什么叫作百分比，或许我们只关注了比例的一部分，而忘却了是以什么为核心。

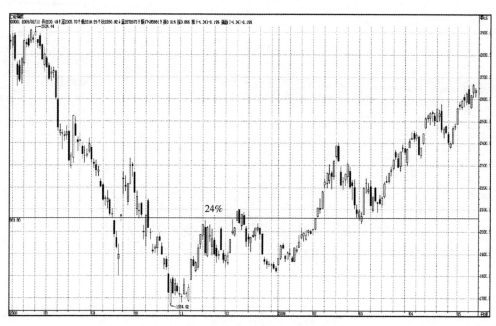

图 12-18　上证指数 2008 年 10 月后上升图

图 12-19　上证指数 2009 年 8 月 4 日市场回落图

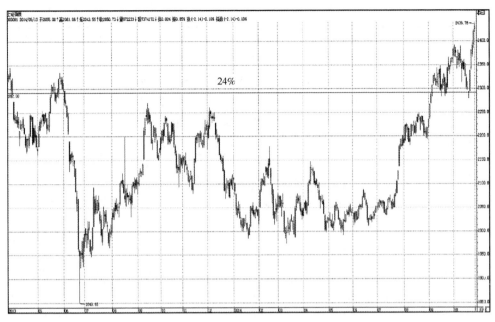

图 12-20　上证指数 2013 年 1849 点后上升图

百度解释：百分数是以分母是 100 的特殊分数，其分子可不是整数。百分数表示一个数是另一个数的百分之几，表示一个比值不带单位名称。

在这里笔者需要说明的是，要想对来年进行年度预测，那么你需要考虑过往年线的数据挖掘；想要对下个月进行预测，则需要对过往的月线数据进行分析。表 12-1 和表 12-2 给出了上证指数 1992—2002 年的历史数据，读者朋友可以对照研究。

表 12-1　1992—2002 年 K 线数据表

时间	开盘	最高	最低	收盘
1992	293.74	1429.01	292.76	780.39
	上涨 148 天	下跌 107 天	高低差 1137	
1993	784.13	1558.95	750.46	833.80
	上涨 126 天	下跌 130 天	高低差 808	
1994	830.70	1052.94	325.89	647.86
	上涨 108 天	下跌 144 天	高低差 727	

续表

时间	开盘	最高	最低	收盘
1995	637.14	927.95	524.44	555.28
	上涨112天	下跌134天	高低差403	
1996	549.47	1258.68	512.93	917.01
	上涨133天	下跌114天	高低差746	
1997	914.06	1510.17	870.18	1194.10
	上涨143天	下跌100天	高低差640	
1998	1200.94	1422.97	1043.02	1146.70
	上涨114天	下跌132天	高低差379	
1999	1144.88	1756.18	1047.83	1366.58
	上涨120天	下跌120天	高低差709	
2000	1368.69	2125.72	1367.21	2053.70
	上涨140天	下跌98天	高低差758	
2001	2077.07	2245.43	1514.86	1645.97
	上涨120天	下跌120天	高低差731	
2002	1643.48	1748.89	1339.20	1353.65
	上涨115天	下跌122天	高低差409	

表 12-2　每年的最高日、最低日 K 线统计表

时间	开盘	最高	最低	收盘
1992.1.2	293.74	293.75	292.76	293.75
1992.5.26	1332.39	1429.01	1291.00	1201.35
1993.1.4	784.13	816.64	777.16	814.04
1993.2.16	1555.15	1558.95	1504.36	1513.48
1994.7.29	335.45	338.96	325.89	333.92
1994.9.13	1036.83	1052.94	1025.10	1033.47
1995.2.7	532.11	536.63	524.43	532.49
1995.5.22	919.75	926.41	870.79	897.42
1996.1.19	515.00	523.59	512.83	523.51
1996.12.11	1225.38	1258.68	1220.40	1244.90
1997.2.20	870.18	971.51	870.18	965.08

续表

时间	开盘	最高	最低	收盘
1997. 5. 12	1490. 78	1510. 17	1486. 44	1500. 39
1998. 6. 4	1420. 78	1422. 97	1402. 74	1406. 30
1998. 8. 18	1054. 18	1094. 37	1043. 02	1071. 30
1999. 5. 17	1057. 48	1072. 17	1047. 83	1065. 56
1999. 6. 30	1755. 56	1756. 18	1666. 01	1689. 43
2000. 1. 4	1368. 69	1407. 51	1361. 21	1406. 37
2000. 8. 22	2112. 02	2114. 52	2074. 54	2074. 70
2001. 6. 14	2243. 30	2245. 43	2201. 01	2202. 40
2001. 10. 22	1558. 47	1563. 40	1514. 86	1520. 67
2002. 1. 29	1343. 36	1396. 11	1339. 20	1392. 78
2002. 6. 25	1718. 23	1748. 89	1690. 61	1706. 59

如果说四方形、六角形、轮中轮以及星占学等是江恩的预测体系，那么百分比就是江恩的交易体系，并且是交易体系与预测体系集一身，因此我们切莫等闲视之。

袅袅炊烟漫云大，清风小路是桃源。顺水推进百丈路，天阔水深鱼跃渊。百分比与互补论无论如何强调都不过分，它不仅仅是指导我们实战的工具与武器。理不在多而在精，百分比就是需要精的那一种。

第十三章

波动率、波动法则与主宰数字

江恩认为，股票或其他在市场上买卖的商品，正如物质的电子、原子或微粒一样，有独特的波动率，这个波动率决定市场的波动趋势。分析者只要掌握个股或期货的正确波动率，便可以确定其在什么水平会出现支撑与阻力。

在国内外许多人士都将波动率解释成：N 天内股价运行了 M 数，波动率是 M÷N＝波动率。如果这种行为再延续下去，江恩理论真会名存实亡。这种乱解释的现象不仅存在于波动率与波动法则上，其他地方也非常多，这是非常可怕的现象。长期以来，我国的股市是否是政策市的讨论一直争论不休，其实，江恩与查尔斯·道先生都早已指出政策只能影响短期的行情。笔者则认为，政策的影响力必须考虑到市场运行的位置，才更准确。通过多年来的研究，笔者可以肯定地说，中国股市一直遵循着自有的内在规律运行，政策只不过是个引子而已，一旦价时都到达，必定会有事件引导股价向预期的方向发展。

I（我）AM（是）GOD（神）LOVE（爱）FAITH（信仰）JEHOVAH（耶和华）。图 13-1 和图 13-2 是江恩在神奇字句里自己描述的圣语的图表。既然是圣语，必定有很深的含义，如何你能从表面文字中理解到另一个看不见的神在俯视我们、帮助我们时，你的一切将会改变。那将会是一个非常神奇的世界。圣经讲：服从律法带来的奖赏，违背戒律带来的惩罚。佛陀去世前，弟子阿难问佛陀，当你去世后我拜谁为师？佛陀告诉他，以戒律为师。好精准的市场法则啊。我想问的是，你的市场戒律在哪里？

图 13-1　三角形圣语

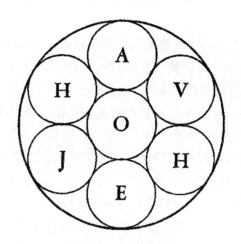

图 13-2　圆形圣语

江恩在解释波动率时指出，股价是有生命的电子、有生命的原子、有生命的分子，一个有生命的载体必然有从诞生到生长到死亡的基本过程。

爱因斯坦曾经说过这样一段话：所有的物质，我们周围所有的一切事物，都是频率的显现。这就意味着，如果你扩大频率，物质结构就会改变。最伟大科学家的话与江恩所讲的核心竟不谋而合，不仅让笔者感到意外，也让世界惊叹。

根据我的经验，越是无法操纵的市场波动率越是精确明显，即使在庄股时代个股也没有脱离波动率的控制，只不过是波动率运行大小而已。波动率是金融系统的生命核心，是股市、期市、汇市的基因密码。

波动法则是江恩理论的核心，他在解释时称，伟大的波动法则是相同的事物产生相同的事物，相同的原因产生相同的结果。经过长时间的研究，笔者发现波动法能助我们准确地预测股票及期货特定时间的特定价位。江恩还指出，我们使用的单数、双数的平方不单证明市场的波动，更能借此揭示市场波动的原因。这个法则带来的结果远在华尔街还未意识到之前，就确定了成因并预见结果。在此不能给出笔者在市场中应用的波动法则的全部概念，然而，当笔者说波动法则是无线电报、无线电话和留声机的基本法则时，门外汉还是可以抓住某些要领的。没有这种法则的存在，上述这些发明将是不可能的。

图 13-3 是一幅电报机图，图 11-4 是一幅 15 世纪的星占图，有什么不同吗？更让人惊讶的是从牛顿老年痴迷丁炼金术，到江恩的波动法则，到电报机的发明，到霍金时空模型，它们都是围绕着这个星占学而创作的。就像中国的《易经》，有无数人从中获得重大灵感和

图 13-3　最原始电报机

发现，如二进制，如基因图谱等，这就是东西方的灵魂。以不变生万变，却万变不离其宗。宗者，源头也。

如果你还不明白，就看看《周易》八卦阴阳图表的排列，它们完全是一样的。江恩在《空中隧道》中股票大战一节，运用了波动法则，希望有缘人多看看《空中隧道》中股票大战一节。波动法则并不神秘，如果你还悟不出来，那就再看看电报的发明图表，它确实可以准确地预测特定的时间中的特定价位。市场上有许多例子可讲，只要读者肯下功夫。关于江恩的理论精华与核心的东西笔者基本上都已经讲出来了，你应该自己多动脑子，能自己悟出来比笔者讲出来要好得多。

宋朝人邵子在《皇极经世》中运用的就是江恩所说的波动法则。我们的老祖宗早就发现，只不过是用而不言罢了。现代人与其盲目信封崇洋论与回归派，不如好好研究祖国的古文化，几千年的文化为我们提供了巨大的宝库，作为每个炎黄子孙都不应视若无睹。邵子用来推算历史朝代变迁的神算就是江恩所讲的波动法则。当然，邵子对于历史演变不仅仅是运用波动法则而已。

关于我发现波动法则，还有一个小插曲。那是 2009 年初的一天，已经距离第一次接触江恩理论过去了四十多年的时间。笔者在网络上看到 stu 先生翻译的《江恩模式》中，格兰威尔·库利发现平方的秘密时竟也是看到地板砖，没想到在大洋彼岸处有同样事情发生。10 多年前年在深圳龙岗金融大厦 6 楼的深圳财经投资公司旁边，一栋楼里有一家证券营业部，至于叫什么营业部笔者已经忘记，笔者就是在那家营业部里看着地上的大地板砖发愣，灵感产生了波动法则，这才是真正的法则。与格兰威尔·库利发现平方是不太一样的，笔者看到的是斜的，然后想到了电报波，再然后迅速地在笔记本上填上了数字，这是笔者人生中的一个重大发现，至今还在不断地研究与充实。

在笔者看来，波动法则不仅是江恩理论的核心，更是西方文化理论体系核心的完美体现，犹如《周易》是东方文化理论体系一样。宽广的西方文化体系与纵深的东方文化体系，在波动法则和《周易》中表现得是那么完美、那么深邃。

向来数源阵

| 1 | 4 | 9 | 16 | 25 | 36 | 49 | 64 | 81 | 100 |

3　5　7　9　　11　13　15　17　19

2 2 2 2　2 2 2 2

向来数源阵既包含了江恩的核心，既有主宰数字的来源，也有时空运行法则，也包含了生命法则，还包含了经典的物理法则，相信后来人一定从中得到他想要的东西。我始终信奉最基础的就是最高深的，愿你是有缘人。这张图在很早我就已经在博客上面公布过，一图值万金，人性容易得到的就不容易珍惜，就容易当成不值钱的瓦罐，实际上很多时候是钧窑。

主宰数字

主宰数字的由来是由毕达哥拉斯命理学之中，毕达哥拉斯的命理学把生日或名字按照一定的规则转换成 1，2，3，4，5，6，7，8，9，11，22 等这 11 个数字，构成一个 3×3 或者 4×4 的表格，每个位置反映某些个性特征，不同的数字有不同的解释。例如，"1"代表独立、首创和领袖；"2"代表写作、均衡和和平；"3"代表自我表现、交流、艺术和独创；"4"代表限制、秩序、纪律和系统化；"5"代表自由创造、变化和爆发力；"6"代表责任、爱和保护；"7"代表分析、理解、知识、智慧和洞察力；"8"代表物质满足、权威、权利和野心；"9"代表博爱、无私、理想和完美；"11"代表幻想、直觉，是精神之光的信使；"22"代表主宰、现实的理想、梦想化为现实。11 和 22 称之为主宰的数字。

需要说明的是，江恩宣称的主宰的数字与毕达哥拉斯命理学中所宣称的有所区别，毕达哥拉斯把 11 和 22 称为主宰数字，而江恩把 3，5，7，9 和 12 称为主宰数字。

下面是江恩自述：

"主宰的数字是：3，5，7，9和12。9和它的倍数是最重要的，因为9个数字加在一起是45。下一个最重要的数字是7，在《圣经》中，这个数字比其他数字提到的次数更多，一周有7天，7个日历日等于5个交易日，它的倍数应该放在你的日、周、月图表上。7的平方是49——它是非常重要的时间周期。2个7的平方是98，3个7的平方是147，4个7的平方是196——196也是14的平方。下一个重要的数字是5，它是1和8之间的平衡数。5的平方是25，2个5的平方是50——它正好是7的平方加上1，使得49——50对趋势变化非常重要。3个5的平方是75，4个5的平方是100——100是10的平方，它对变化也很重要。

"3在《圣经》中提到的次数仅次于7，7和3是重要的，因为3×3＝9，即3的平方，它是第一个能实现比自身大的平方数的奇数，3必须在每种可能性中使用。3×7＝21，3×5＝15，3×9＝27，3×12＝36。36非常重要，因为它是6的平方。12也在《圣经》中提到很多次，它很重要。耶稣选择12条戒律，1年有12个月，黄道有12宫。在144方形里，重要的是12，24，36，48，60，72，84，96，108、120、132和144，这些对日、周和月的时间和价格都很重要。"

那么如何在理解主宰数字呢？这些数字除12外都是奇数，这一点笔者在二分法里面已经讲清楚了，但这些数字里面还蕴藏着巨大的宝藏，需要我们进行进一步开发。到目前位置，常规的研究已经彻底完成，之所以说是常规完成，是因为一双中国的筷子的指引下完成了实战法则，一双筷子吃尽人生七情六欲，吃尽阴阳K线，真心希望愿意深究的你对此进行研究。但是除常规外，主宰的数字的含义更加神奇，到目前为止笔者只揭开3与7与9的非常规秘密，或许这些秘密也只是秘密本身的一小部分，但无论如何，笔者也努力了，"3"怎么说都不过分，是一个灵魂的数字，老子曰三生万物，老话说从小看苗，三岁到老，这就是上苍给予我们的启示录，这就是秘密所在至于7，江恩讲了很多，12笔者没有破解，仍在努力。另外为什么我会选择把江恩核心的问题放在第十三章呢？因为根据向来二分法，13 二分法的结果是 6 与 7。一分为二，一是基本，二是基因。

43	42	41	40	39	38	37	36	35	34	33	32	31	30	29	28	27	26	25	24	23	22
44	123	122	121	120	119	118	117	116	115	114	113	112	111	110	109	108	107	106	105	104	21
45	124	195	194	193	192	191	190	189	188	187	186	185	184	183	182	181	180	179	178	103	20
46	125	196	259	258	257	256	255	254	253	252	251	250	249	248	247	246	245	244	177	102	19
47	126	197	260	315	314	313	312	311	310	309	308	307	306	305	304	303	302	243	176	101	18
48	127	198	261	316	363	362	361	360	359	358	357	356	355	354	353	352	301	242	175	100	17
49	128	199	262	317	364	403	402	401	400	399	398	397	396	395	394	351	300	241	174	99	16
50	129	200	263	318	365	404	435	434	433	432	431	430	429	428	393	350	299	240	173	98	15
51	130	201	264	319	366	405	436	459	458	457	456	455	454	427	392	349	298	239	172	97	14
52	131	202	265	320	367	406	437	460	475	474	473	472	453	426	391	348	297	238	171	96	13
53	132	203	266	321	368	407	438	461	476	483	482	471	452	425	390	347	296	237	170	95	12
54	133	204	267	322	369	408	439	462	477	484	481	470	451	424	389	346	295	236	169	94	11
55	134	205	268	323	370	409	440	463	478	479	480	469	450	423	388	345	294	235	168	93	10
56	135	206	269	324	371	410	441	464	465	466	467	468	449	422	387	344	293	234	167	92	9
57	136	207	270	325	372	411	442	443	444	445	446	447	448	421	386	343	292	233	166	91	8
58	137	208	271	326	373	412	413	414	415	416	417	418	419	420	385	342	291	232	165	90	7
59	138	209	272	327	374	375	376	377	378	379	380	381	382	383	384	341	290	231	164	89	6
60	139	210	273	328	329	330	331	332	333	334	335	336	337	338	339	340	289	230	163	88	5
61	140	211	274	275	276	277	278	279	280	281	282	283	284	285	286	287	288	229	162	87	4
62	141	212	213	214	215	216	217	218	219	220	221	222	223	224	225	226	227	228	161	86	3
63	142	143	144	145	146	147	148	149	150	151	152	153	154	155	156	157	158	159	160	85	2
64	65	66	67	68	69	70	71	72	73	74	75	76	77	78	79	80	81	82	83	84	1

图 13-4　向来四方形

图 13-4 是毕达哥拉斯 22 制成的向来四方形。1994 年 7 月见 325 点后形成了以波动率 22 为准则的四方形，84 个月的为 2001 年 6 月，这个拐点是从 325 以来的结束之日，这是 22 的第一个非常标准的四方形。160 个月刚好是 2007 年 10 月，是 2005 年 998 行情后的顶部，这是第二个标准的四方形，228 个月为 2013 年 6 月，这是从 6124 以来的另一个重要底部，这是第三个标准四方形，288 为 2018 年 6 月这是四个正方形，但是这个并没有形成明显的拐点，为什么？这个问题留给大家，大家好好看看，好好想想。

在研究江恩理论的过程中，笔者阅读了许多古代经典著作，它们对理解江恩理论有着不可估量的效用。一个人如果没有深厚的哲学，要在技术上有所突破是很难的，而且还容易走极端。你驾驶着奔驰

600，却在一个只能走单车的路上行驶，要想达到理想的速度是不可能的，而哲学就是你想要的那条宽阔马路。笔者一而再，再而三地重复哲学的重要性，就是不愿每个有志于研究江恩的人士走入误区。哲学看似无用、无形，却有大道。尤其对研究技术者来说，技术是武，哲学是文，文武双全才能成大将。江恩最重要的基础就是时间价位平衡，时间是阴，价格是阳，他也是走了一条阴阳和谐的大道。中华文明几千年的经典中的经典《周易》《中庸》实际上就是讲的阴阳和谐互补，一个平衡，一个中庸之道。互补之论是有很深的哲理，笔者以为用《天龙八部》中无名扫地僧的话来解释再合适不过了：

"本寺七十二绝技，每一项功夫都能伤人要害、取人性命，凌厉狠辣，大干天和，是以每一项绝技，均须有相应的慈悲佛法为之化解。这道理本寺僧人倒也并非人人皆知，只是一人练到四五项绝技后，在禅理上的领悟，自然而然地会受到障碍。在我少林派，那便叫武学障，与别宗派的知见障道理相同。须知佛法在求渡世，武功在求杀生，两者背道而驰，相互制约，只有佛法越高，慈悲之念越盛，武功绝技才能练得越高，但修为到了如此境界的高僧，却又不屑去多学各种厉害的杀人法门了。"

第十四章

时空波动

先定一个规则：在预测未来图表时，笔者喜欢把图表倒折过来。在预测时间与空间时，笔者喜欢把图表横过来。

时空是成就事业的两大坐标。时空是金融系统的坐标，是一切预测与实战的灵魂。不论是道氏理论、波浪理论还是江恩理论，如果离开了时空两个要素，一切都显得苍白无力。

时空之所以重要，是我们的一切都离不开这两个要素，时空是物理学家的概念，我们不过多地去讲它，我们只对金融领域存在的时空波动感兴趣。时空始终是统一的，也是互补的。一辆车从 A 地到 B 地时，它所做的是同时完成了时间与距离，它的依附体是公路，而金融系统中的依附体是时间与价格，它依附的是纵轴与横轴。

在金融系统中如果买卖不逢其时，则会使你的资本缩水，如果买卖逢其时，但空间有限，也不会对你的资本有多大的帮助。假如你买卖的品种逢其时且空间巨大，则金融系统就是你的聚宝盆。在这里之所以再来重复时空问题，是我们没有对此有深刻的理解。我们天天讲市场是按二度空间发展的，天天讲的东西，在我们眼前的东西，人类的通病就是忽视它，反而那些看不见的东西越会引起人们的欲望。关于时空的认识，不仅在一般的投资者身上，而且国内外一些较知名的投资家身上同样显示出认识不够深入。笔者多次重复地讲时空波动只是想引导大家回归顺其自然的法则，会制造故事也更应该顺应自然，否则只会伤害自己。

知天知命反身诚。这里的天就是自然规律，就是时空，当我们知其规律时，我们除了守其规律外别无选择，这就是诚。中国古文化的哲理是多么的深奥啊！

所谓中国股市自有其特殊性，这是一句自欺欺人的话。这不仅是理论与实战浮浅的表现，而且是十分可怕的怪病。中国资本市场一开始就与国际游资有着千丝万缕的关系，随着中国的开放，这种关系将会更密切。如果还不抓紧学习，吃亏的将是更多的国人。我国证券市场才存在了20多年，而国外存在了几百年，我们还不到人家的零头，人家研究之深自不必说，更重要的是要有人真的埋下头来深入研究才行，如此，才能领导我们中国的市场健康成长。要想在学术上有所突破不仅是要厚积而薄发，更重要的是要在哲学上下功。笔者的哲学是个补字，笔者在补字中发现了市场的秘密。笔者的哲学观未必是你的哲学观，即使你看了笔者的东西，因为你有你的路，所以未必能感同身受，但建立起自己的哲学观是学术人生的关键之关键。

市场上只有两种转变方式：一是以时间换空间；二是以空间换时间。以时间换空间是以漫长的时间换取上升或下降的空间；以空间换时间是以短时间内用极大的上升或下跌空间来换取上升或下跌的时间。以时间换空间时间长，以空间换时间空间大。市场上只有时间与空间而已。俗语说一图抵万金，图表是最直接最有效的表达方式。图14-1是中国股市的时空波动图，实际上不论在国内还是在国外都是一样，都是按时空波动法则而运行。运用法则有两点：其一是短时间内出现巨大的空间必然会用长期的时间来消化能量；其二是长时间的上涨或下跌必然用短时间的剧烈波动来完成平衡。

运行空间时，价位短时间内出现大幅上涨或下跌；运行时间时，市场不会出现太大的行情。运行空间时，时间短，空间长；运行时间时，空间小，时间长。一长一短，达到平衡。运行空间时，行情速度快，运行时间时，行情速度慢，一快一慢，达到平衡。

中国古老的哲学阴阳平衡是致伟的大道。K线市场就是一个词：平衡。无论何时，无论何标的物，找到平衡点，你就找到了制胜之道。一旦思想构建完成，路线与方法就不再是问题，工具则是最后一环而已。时空波动蕴含着自然规律，自然规律是有普遍意义的，不论是K线市场，还是人生命运，不论是历史走向，还是山川河流，均可以用时空波动来解释。

这里的时空波动法则与江恩的波动法则是有所区别的。中国股市历来都是上涨时间短，但有强大的爆发力，爆发的是买进的决心。下跌时间长，也有杀伤力，杀伤的是耐心。

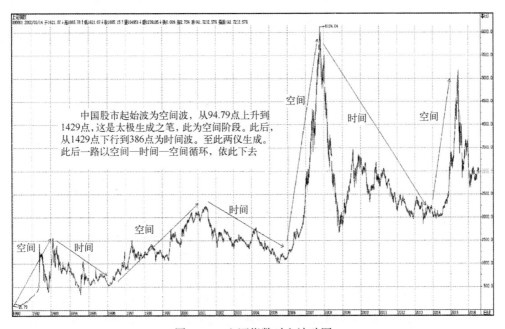

中国股市起始波为空间波，从94.79点上升到1429点，这是太极生成之笔，此为空间阶段。此后，从1429点下行到386点为时间波。至此两仪生成。此后一路以空间—时间—空间循环，依此下去

图 14-1　上证指数时空波动图

市场只有在运行空间阶段才能够真正有大行情，若是运行时间阶段，则不会有大行情产生的。这也是本书名称的由来。简单地再也不能简单，却蕴含着丰富的内涵。

观察初始波的时空情况，有助于你对未来时空波动有精准的研判。根据不同级别的时空波动以及结合你的操作级别，结合顺大势逆小势的操作原则，运用道氏理论的次级逆向波来操作，你将会精准地操作任何级别的 K 线市场。

下面我们看看国际品种的时空波动，如图 14-2 和图 14-3 所示的白银大、小周期下的时空波动图和美元、欧元、英镑及原油的时空波动图，如图 14-4 至图 14-7 所示。

图 14-2 是白银大周期下的时空波动图，从 2008 年 10 月运行至 2011 年 4 月下旬为空间阶段，从 2011 年 4 月下旬至 2015 年 12 月中

旬的时间阶段，目前白银正运行空间阶段。

图 14-2　白银大周期时空波动图

图 14-3 是白银小周期下的时空波动图，从 2011 年 4 月 25 日开始至 5 月 12 日为空间阶段，此后从 5 月 12 日上升至 8 月 23 日为时间阶段，从 8 月 23 日开始至 9 月 26 日为运行空间阶段，此后该循环不断重复，每次运行空间阶段时都是短期之内会有比较大的涨跌幅，每次运行时间阶段都是波动相对较小，但时间较长。

图 14-4 是美元的时空波动图，从 2011 年 5 月初至 2012 年 7 月末为空间阶段，此后至 2014 年 5 月初为时间阶段，美元在突破 80.75 点这个 10 年价值中枢后展开空间阶段，直至达到 100 点后再次展开时间阶段，目前美元仍然处于时间阶段。

图 14-5 是英镑的时空波动图，英镑从 2007 年 11 月初开始，运行空间阶段，此后在 2009 年 1 月至 2014 年 7 月运行时间阶段，从 2014 年 7 月至今仍然处于运行空间阶段。2016 年脱欧时加剧了英镑的下行速度，空间阶段的特征就是波动空间比较大。

图 14-3　白银小周期时空波动图

图 14-4　美元指数时空波动图

图 14-5　英镑时空波动图

图 14-6 是欧元的时空波动图，欧元从 2012 年 7 月至 2014 年 5 月运行完时间阶段后，短周期内市场出现了大幅波动情况，而且下行空间巨大，这应验了对未来空间特征的判断，目前欧元正处于换档时期，处于一个低位时间周期阶段，下一步将会走空间阶段，未来欧元机会多多。

图 14-7 是美原油的时空波动图，原油从 2012 年 6 月开始的时间阶段运至 2014 年 6 月完成，此后展开了一波超级大熊市，价格从 104 美元跌到 29 美元左右，此阶段正好是空间阶段运行，目前原油处于时间阶段，波动空间不大，整体以宽幅震荡为主。

当市场长时间运行时间段时，我们要随时留意空间的来临，因为短时内市场就会爆发大幅度的上涨或下跌，这才是我们孜孜以求的行情阶段。当行情运行空间完毕后，不要指望短时间内有大幅的行情，该游山玩水就要游山玩水，天天盯着也没有用。

市场运行的两种时空模式：空—时—空，时—空—时，如图14-8和图 14-9 所示。市场只有在反转时刻才会出现转变，若出现转变，则预示着市场原有模式再次改变。说到底这两种模式只不过是对选择起始点不同而呈现时空出场的顺序不同罢了。

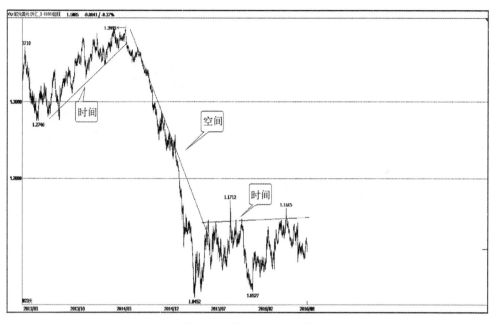

图 14-6　欧元时空波动图

图 14-7　美原油时空波动图

图 14-8　上证指数空—时—空波动图

图 14-9　美元时—空—时波动图

市场是按时空波动运行的，当市场以空间换时间完成时，或以时间换空间完成时，趋势就会按相反的方向运行。大盘如此，个股亦如此，一切有 K 线的地方都如此。在 2000 年上证指数上升时，在日 K 线上走出了特别经典的时空表现，但愿你能够发现。如图 14-10 所示。

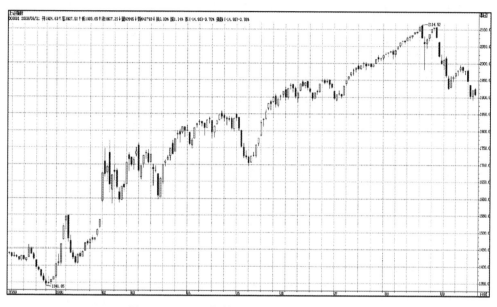

图 14-10　上证指数 2000 年完美的时空波动图

其实，每一波都是有时空表现的特征，这里只想通过 2000 年上证指数走势让你更明白一些。以下是上证指数 1998—2004 年时空记录数据：

1998.1.13—6.4	运行 92 个交易日	1422.97-1110.08＝312.89
1998.6.4—8.18	运行 54 个交易日	1422.97-1043.02＝379.95
1998.8.18—11.17	运行 64 个交易日	1300.15-1043.02＝257.13
1998.11.17—1999.2.8	运行 59 个交易日	1300.15-1064.17＝235.98
1999.2.8—4.9	运行 32 个交易日	1210.10-1064.17＝145.93
1999.4.9—5.17	运行 26 个交易日	1210.10-1047.83＝162.27
1999.5.17—6.30	运行 33 个交易日	1756.18-1047.83＝708.35
1999.6.30 —12.27	运行 123 个交易日	1756.18-1341.05＝415.13
1999.12.27—2000.8.22	运行 155 个交易日	2114.52-1341.05＝773.47

2000.8.22—9.25	运行 25 个交易日	2114.52−1874.21 = 240.31
2000.9.25—2001.1.8	运行 70 个交易日	2131.98−1874.21 = 257.77
2001.1.18—2.22	运行 24 个交易日	2131.98−1893.78 = 238.2
2001.2.22—6.14	运行 76 个交易日	2245.43−1893.78 = 351.65
2001.6.14—10.22	运行 88 个交易日	2245.43−1514.86 = 730.57
2001.10.22—12.5	运行 33 个交易日	1776.01−1514.86 = 261.15
2001.12.5—2002.1.29	运行 37 个交易日	1776.01−1339.20 = 436.81
2002.1.29—3.21	运行 28 个交易日	1693.87−1339.20 = 354.67
2002.3.21—6.6	运行 51 个交易日	1693.87−1455.2 = 238.57
2002.6.25—2003.1.6	运行 133 个交易日	1748.89−1311.68 = 437.21
2003.1.6—4.16	运行 66 个交易日	1649−1311.68 = 337.92
2003.4.16—11.13	运行 141 个交易日	1649.60−1307.40 = 342.2
2003.11.13—2004.4.7	运行 95 个交易日	1783.01−1307.40 = 475.61

以下是多年以前的几幅波动图，图 14-11 是没有欧元时美元/法郎的时空波动，图 14-12 是大豆期货的一段时空波动，图 14-13 是恒生指数的时空波动。

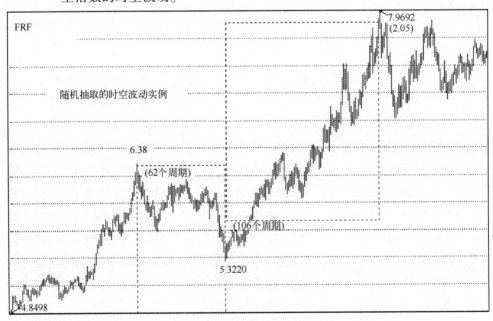

图 14-11　法郎时空波动图

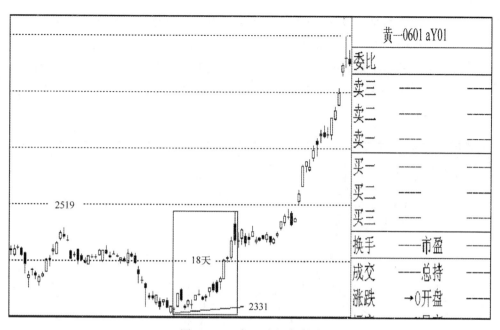

图 14-12　大豆时空波动图

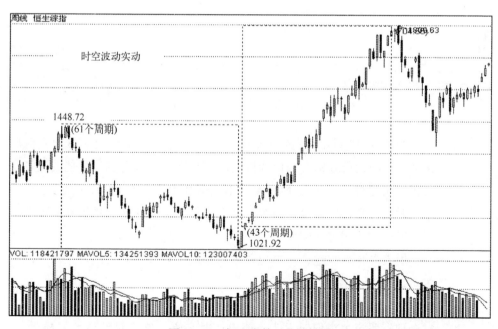

图 14-13　恒生指数时空波动图

下面是一段欧元/美元日线图。历史是重复的，当你选择多大的周期时，就会有多大的循环在等着你，当你选择最大空间的循环时也就是选择了最大的机会。2010 年 8 月 24 日开始上升至 2010 年 11 月 4 日运行 15 个格子，当市场再次横屏 15 格时，便是最大的机会。如图 14-14 所示。

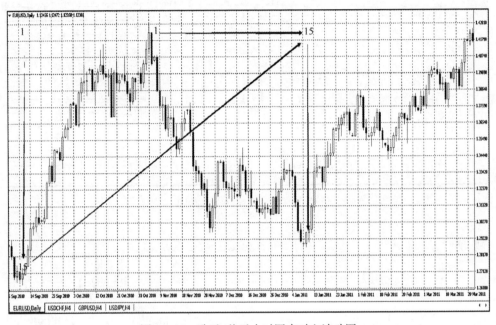

图 14-14　欧元/美元小时图表时空波动图

2015 年 10 月 15 日黄金从 1191 开始下行，运行至 12 月 3 日见到 1046，空间运行 6 格，当市场再次横屏 6 格时，市场成为最佳的进场机会，当运行 12 格时，刚好是顶部回落开始。如图 14-15 所示。

时也，空也。时也，命也。命也，空也。或许这就是佛家所说的一切皆空的原因之一吧？

做人要顶天立地，做事也要顶天立地，只有顶天立地才是最大的机会。

当你真正理解了时空波动，结合真 K 线，使用简单的运算，你一定会理解股市牛市何时发生，熊市何时来临，这绝对没夸大的成分。时空波动理论是个大理论，道氏理论、波浪理论，都是对时空波动运行中一部分现象进行描述。时空波动理论不仅可以解决市场的运动规律，还是经济运行的规律，是商业价格运行的规律。现象与本质是无法苟同的，无论怎么强调都不过分。笔者坚信一条原理：最高深的就是最基础的。所有的高深都是由基础发展而来。

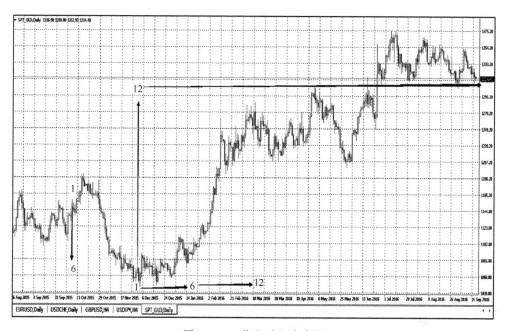

图 14-15　黄金时空波动图

横看成岭侧成峰，远近高低各不同。不识庐山真面目，只缘身在此山中。这是多么经典的道理啊！这首诗告诉我们，人们观察事物的立足点、立场不同，就会有不同的结论。只有摆脱了主观的局限性，放眼远望，才能真正看清事物本真。于时空波动之观察及把控，亦如是。

第十五章
未来进程

在 2008 年底笔者对江恩理论的研究有了较大的突破，不仅突破了未来准确的时间与幅度，还突破了未来的走势形态、控制时间因素，以及最重要的历史循环的成因。深入研究上证指数你会有无穷的发现，未来图表是什么？是众大臣辛辛苦苦给皇上的奏折。控时因素是什么？是一段弯路，是关照龙穴的那情，是子丑寅卯，也是将军肚，更是你的福分。

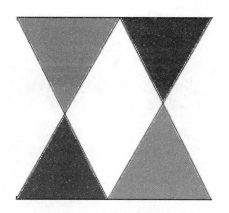

图 15-1 未来进程图

图 15-1 中隐含了西方最致命的文化，隐含了时空波动，隐含了波动法则，还隐含了经典的物理模型。一旦我们完全破解其中的秘密，时空隧道或许就会在此出现。就如东方的八卦图一样，八卦图何尝不是当今最流行的电脑键盘或钢琴键呢(图 15-2)？东西方文化有一个差异就是东方纵深，西方宽广。从数据模型，即伏羲六十四卦次

序图与图 15-1 可以看到，中国有六层空间纵深，而西方只有两层空间纵深，这两幅图的意义远远不是你我能够解释清的，只不过笔者是按需所解而已。

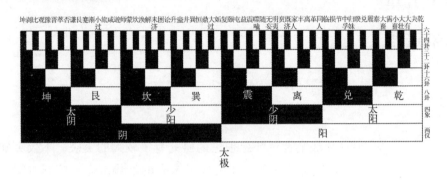

图 15-2　八卦钢琴图

江恩虽然没有把塔罗预测运用到江恩理论中，但是塔罗牌预测牵出了数灵学，塔罗里面这张图却深有意义，这是第五张王牌。如图 15-3 和图 15-4 所示。

图 15-3　塔罗预测图

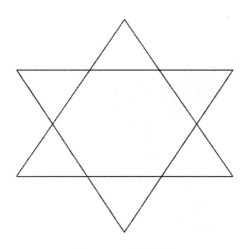

图 15-4　六芒星图

右手拿着一把钥匙，在身体的正中间是两个三角互补组成的一个菱形、一把钥匙、一个老人、一个象征时间的菱形，似乎在寓意着打开历史的钥匙在时间之中，难道是巧合吗？《圣经》里讲，假如你看到了天空的模样为什么你不发现时间的信号呢？古老的圣贤讲，时者，命也。时间究竟隐藏了什么，让世界的圣贤智者们如此引而不发，如此半遮半掩？时间记录着历史也记录着未来，时间里一定有一个天大的秘密。时间？时间？时间？世间？世间？世间？难道世间在六道轮回中？难道正和六十甲子暗合？

还记得霍金写的《时间简史》里面有一个图形就是与这幅图非常的相近（图 15-5 和图 15-6）。

霍金阐述的是现在与未来的模型，而这一幅图确实是一个十足的罗塔牌预测理论，笔者相信拿着钥匙的老人的这幅图更能明确地指出了未来与现在的关系，四个三角形相对，一个菱形，实际上菱形可以化为六个三角形。也可以说成是两个长方形，或者就是两个大三角形。

霍金的现在空间与未来空间的模型是隐去了两个三角形的一个菱形，并且是将三角形立体化，使两个三角形相对，霍金展现的是图 15-7 的一半。古埃及的大金字塔中难道是大科学家的宿命？牛顿、

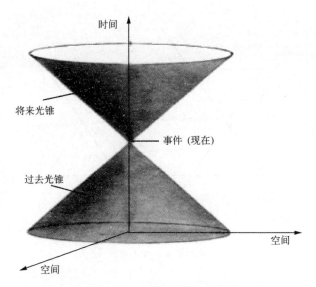

图 15-5　时间简史图(一)

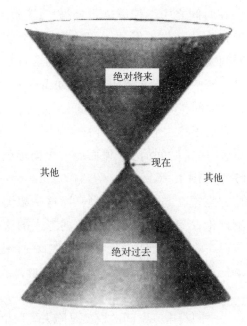

图 15-6　时间简史图(二)

霍金最后都沉迷于古老的预测学或炼金术？只能说明这些古老的智慧中有更大的秘密。

双子座这个最要命的星座，有很多智慧人士曾经指出，人类的秘密来自双子座，难道这不正是双子座的来历与渊源吗？双子座在第三宫 5 月 21—22 日至 6 月 20—21 日，天文角度 60°~90°，在轮中轮中是 180°~270°。仔细看来，可以把两个三角形化成一个 X 而已，可以这样描述，交叉、平行。这就是霍金时空模型的起源与演变。

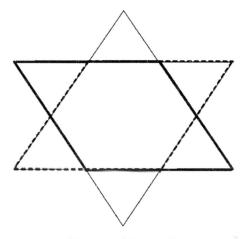

图 15-7　分解时空图

江恩在《空中隧道》中曾经预言的无声马达、录像监控以及激光，都在当今的世界实现，那么时空隧道在哪里呢？只要我们需要，就可以回到历史之中，想去明代我们就可以回到明代，想去汉朝就去汉朝，穿越时空隧道的钥匙笔者相信就在第一幅图（图 15-1）或第四幅图（图 15-4）中，我们人类的智慧早晚会创造出时空隧道的，其操纵系统说不准就是伏羲卦序图。

将来大洋下面将不再是潜艇安全的栖息地，将来智慧卫星一定会一下子看到海底，仿佛没有水的存在，把战舰周围的水凭空消失，让敌舰仿佛从山顶坠落海底摔得粉碎，然后水又回来填平海洋。

1929 年美国股市发生塌陷式的崩溃，引发大规模的金融危机，而江恩早在 1928 年 11 月就做出了对 1929 年全年的预测，该预测准确性至今没有人能够突破，成为一代大师经典之作，让无数人膜拜。

时隔 80 年，笔者用同样的方法回测了 1929 年行情，同样的方法，同样的结果，这真是一件快意之事。之前一直苦于没有道琼斯相关数据，一直没有验证，在网上得到 1900 年后的所有数据才得以实现。根据数据，笔者复原了江恩预测 1929 年行情的走势图表，江恩绝响再次重现。

在 1928 年 11 月 3 日，江恩发表了一份美国股市预测报告，预测 1929 年美国道琼斯工业平均指数的走势。江恩在该报告中开宗明义地指出，1929 年将会到达大牛市终结的循环。由于这一次牛市由 1921 年开始，是美国历史上最长的一次升市，股票价格升至不正常的水平。因此，当跌市来临，1929 年将会是一次极为剧烈的暴跌。事实证明，他的预测完全正确，1929 年 9 月道琼斯工业平均指数见高 386.10 点后大幅下跌 3 年，于 1932 年 7 月最低见 40.56 点，比高峰下跌 89.5%。他明确指出，在 1929 年，美国道琼斯工业平均指数的高低位幅度不会少于 50 点，而最大可达 90~100 点。他预期股市有 35% 的波幅，是极为大胆的预测。结果，1929 年道琼斯工业平均指数由 386 点暴跌至 195 点，跌幅 191 点，下跌 50%。请看江恩预测图（图 15-8）、笔者重现图（图 15-9）、历史真实走势图（图 15-10）所示。

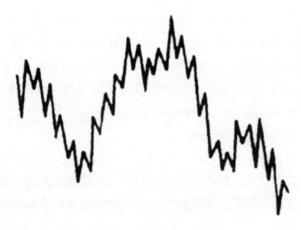

图 15-8　江恩 1929 年预测图

图 15-9　笔者的 1929 年历史回测重现图

图 15-10　1929 年真正走势图

　　1929 年江恩使用历史预测未来方法，预测了震惊世界的金融暴跌。在 1933 年，麦若卡绘制了一幅未来 15 年的股票市场预测图，1983 年夏天一个在芝加哥工作的人吉姆·所罗门发现了它，2009 年笔者发现了它。江恩、麦若卡、吉姆·所罗门三者均在描述同一件事。

　　历史是循环的，是重演的，只要你掌握了循环的脚步，不论是历史还是金融，你都可以知道它现在所处的位置。

第十六章

图表与财富宝典

在变化的 K 线世界，无数的人类精英经过了艰苦卓绝的思考之后，创造了一次又一次的奇迹。以下买入卖出方法是实战之精髓，是混乱中之秩序，怎么强调都不过分。笔者 10 多年的经验证实，只有遵守此法则才能长久的生存，进入市场不仅要赚钱，更要稳健地活下去，而不能一时暴利后死亡。

财富宝典 1：股价从最低价上升 20% 为第一关键买入点，20% 也是脱离震荡市进入单边势的标志点。从最低点上升 20% 为买入点，26% 为加仓点，26% 也是价格加速点。

宝典 1 是针对大盘股而言，该类个股往往流通盘相对较大，波动也相对较小，但趋势一旦形成，往往也会跟随惯性前进，正所谓船大难调头，特别是一些权重类个股，一旦突破 20% 的涨幅，则意味着市场的趋势正在逆转，是非常良好的进场时机。

战例 1：2003 年 9 月 23 日，当时重量级的中国石化见到 3.35 元，此后一路上升，于 2003 年 12 月 1 日收盘站在了 4.06 元，发出买入信号，12 月 3 日突破 26%，发出加仓信号，后该股加速上升。如图 16-1 所示。

战例 2：2005 年 6 月 6 日大盘见底，与此同时中石化见到了 3.2 元，上升至 2005 年 7 月 25 日发出买入信号，突破 26%，2 月 26 日收盘 4.05 元，发出加仓信号，后该股加速上升。如图 16-2 所示。

此后中国石化从 4.68 元回落至 3.7 元，展开上升并在 2005 年 12 月 13 日再次发出买入信号，12 月 30 日突破 26%，发出加仓信号，后该股加速上升。如图 16-3 所示。

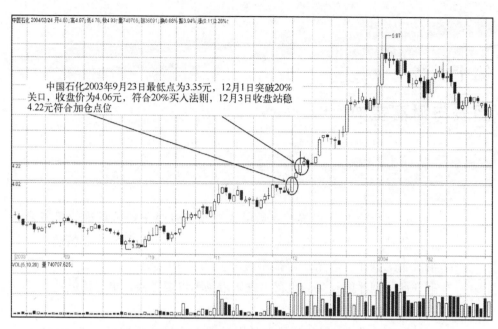

图 16-1　中国石化 2003 年买入加仓图

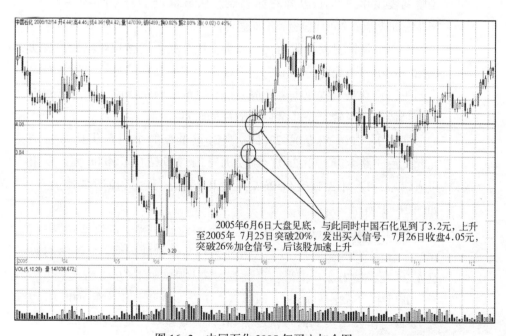

图 16-2　中国石化 2005 年买入加仓图

图 16-3　中国石化 2005—2006 年买入加仓图

战例3：中国重工上市不久便出现了异动，2010 年 5 月 5 日以大幅上涨 9% 换手达到 13% 的情况下停牌，7 月 16 日该股再次以接近跌停的状态下挫，当然换手 13%，次日振幅达到 8% 以大阳线收盘，大资金进入明显，8 月 9 日该股收盘突破 20%，发出买入信号，8 月 16 日收盘价突破 26%，发出加仓信号，后该股最高涨至 14.64 元。如图 16-4 所示。

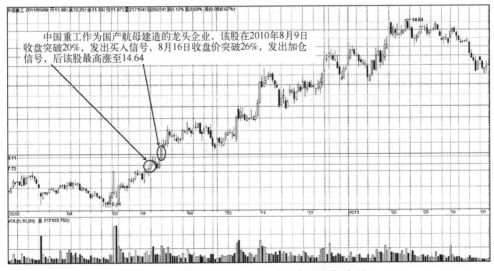

图 16-4　中国重工 2010—2011 年买入加仓图

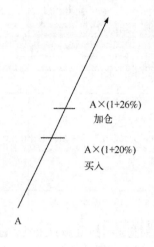

A×(1+26%)
加仓

A×(1+20%)
买入

A为最低点价格；
收盘价站稳20%后买进；
收盘价站稳26%后加仓；
运用宝典1还有一个重要参数就是流通盘比较大

图 16-5　财富宝典 1 模块化示意图

财富宝典 2：从最低价上升 26% 后直接进场开始计算时间，此法是抓飙升个股的法则二。

若加仓点时间超过 18 天，下一个重要的时间是 20 天与 30 天。一旦过 30 天，34 天是最为关键，再就是 52 天。

宝典 2 为常规黑马，这是省略了前期震荡与洗盘后直接进入主升浪阶段，此法快速简捷，实战威力巨大。

战例 1：1999 年 2 月 8 日东方明珠最低见 13.41 元，主力通过高水平的运作之后在 5 月 19 日突破 16.9 元，出现了真正的买点，突破买点后一路狂飙至 39.8 元，它是 1999 年科技股的龙头股，此战役是只铁先生创造的辉煌纪录。如图 16-6 和图 16-7 所示。

战例 2：1999 年 6 月 30 日上海梅林从 9.96 的位置上止住了上升的脚步，后市跟随大盘一路下行，并没有突出的表现，但该股却从 11 月 12 日开始变拒绝与大盘同步，并且逐渐抬高底部，从最低点的 6.57 元开始走强，12 月 27 日收盘价稳稳地站上了 8.28 元，买入信号明显。后该股 2000 年中一飞冲天。如图 16-8 和图16-9 所示。

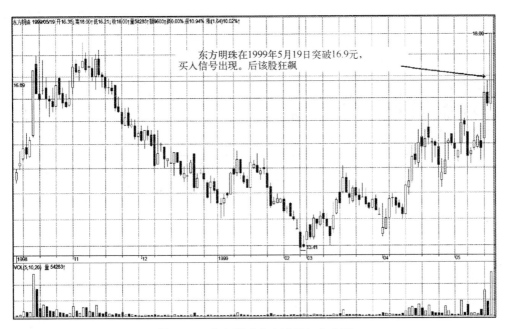

图 16-6　东方明珠主力进场与启动图

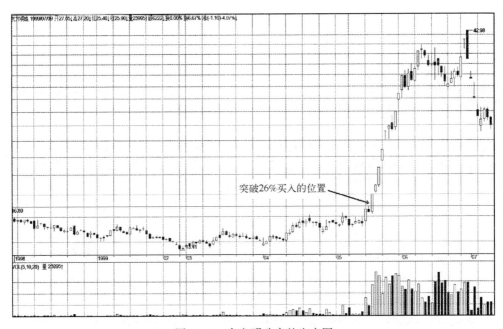

图 16-7　东方明珠完整牛市图

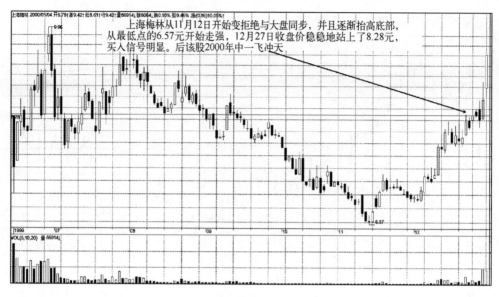

图 16-8　上海梅林主力进场与启动图

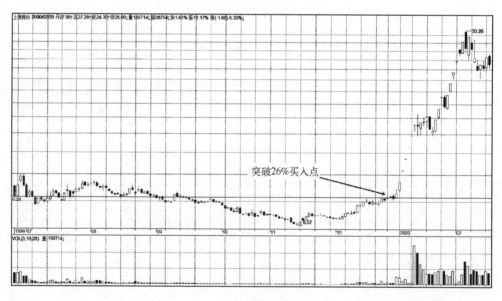

图 16-9　上海梅林完整牛市图

战例 3：清华同方作为高校概念股，该股从 1999 年 4 月 27 日最低点 24.5 元启动，次日该股出现异动，以振幅接近 10% 的大阳线呈现一根大阳线，后逐渐走强，"5·19"行情发动后仍然属于跟风状态，直到 6 月 7 日，该股突破 26% 的买入点后发生质变，后该股狂飙。如图 16-10 和图 16-11 所示。

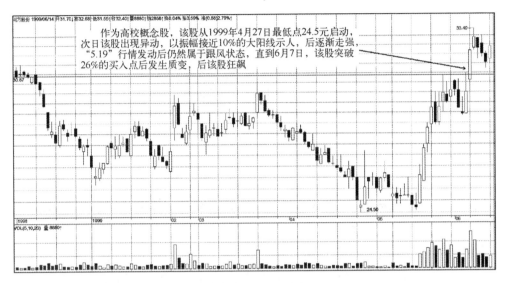

图 16-10　清华同方主力进场与启动图

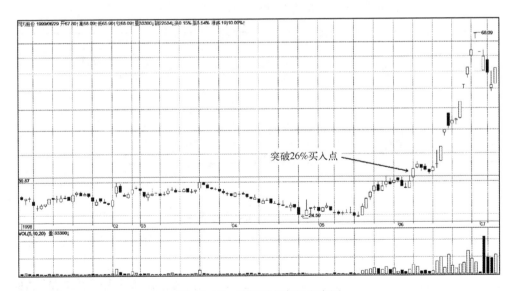

图 16-11　清华同方完整牛市图

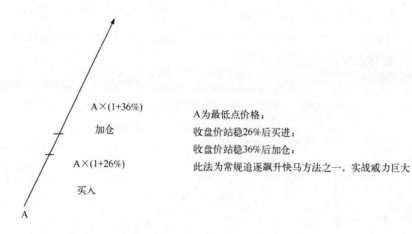

A×(1+36%)

加仓

A×(1+26%)

买入

A

A为最低点价格；

收盘价站稳26%后买进；

收盘价站稳36%后加仓；

此法为常规追逐飙升快马方法之一，实战威力巨大

图 6-12　财富宝典 2 模块化示意图

财富宝典 3：股价收盘价一旦从最低价上升 48% 就会快马加鞭，短期内必有暴利产生。

战例 1：在 2002 年风雨交加的熊市市场中，出现了一只大牛股深深房 A，该股堪称经典。此股在见到 4.04 元后一路强悍上升，至 2002 年 2 月 26 日突破 5.98 元，强烈地发出了狂飙信号，最高上升至 11.6 元，异常凶猛。如图 6-13 所示。

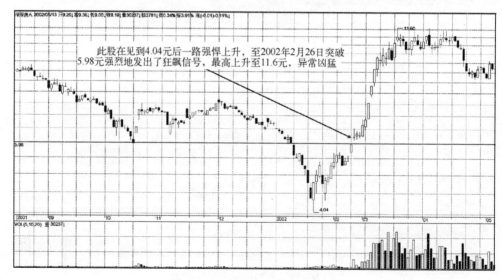

图 16-13　深深房 A 快马加鞭图

战例 2：当东方明珠在 1999 年 5 月 21 日突破 19.85 元发出快马加鞭信号后，短时间就会产生暴利，6 月 18 日发出卖出信号。如图 16-14 所示。

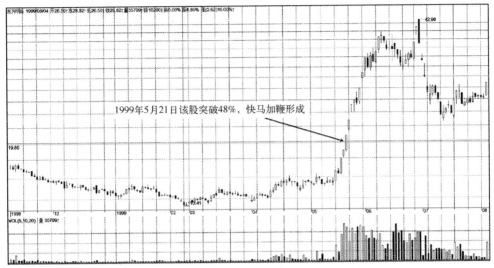

图 16-14　东方明珠快马加鞭图

战例 3：同方股份在 6 月 16 日收盘 36.28 元发出快马加鞭信号，同样是在 7 月 5 日发出卖出信号。如图 16-15 所示。

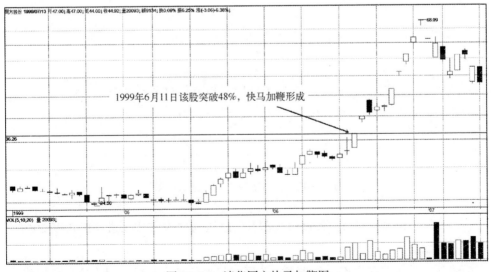

图 16-15　清华同方快马加鞭图

战例4：乐凯胶片在1999年6月11日发出快马加鞭信号，7月6日发出强烈的卖出信号。如图16-16所示。

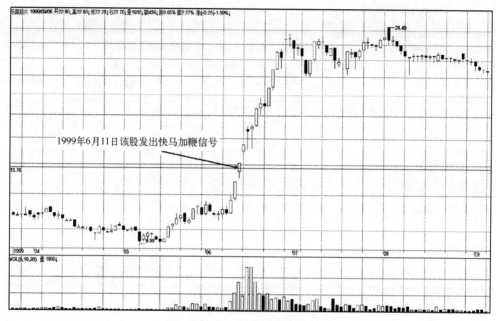

1999年6月11日该股发出快马加鞭信号

图 16-16　乐凯胶片快马加鞭图

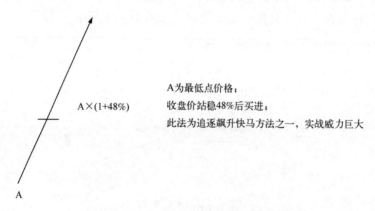

A×(1+48%)

A为最低点价格；

收盘价站稳48%后买进；

此法为追逐飙升快马方法之一，实战威力巨大

A

图 16-17　财富宝典3模块化示意图

财富宝典4：大鱼图买卖点：以快马加鞭方式买进，以幅度20%卖出。

我们常说不吃鱼头不吃鱼尾，只吃鱼身这一段，因为这一段肉最多。那么何谓鱼头？何谓鱼尾？何谓鱼身？由于个人操作理念不同，自然定义就不同。下面图 16-18 至图 16-20 是笔者定义的鱼头、鱼尾，也可以头尾互换，不论哪边是头哪边是尾，我们只吃鱼身。鱼尾是过滤不确定或有反复的震荡阶段，这也是我们不吃鱼尾的原因，而不吃鱼头则是因其进入高风险阶段。

战例 1：如图 16-18 所示，浦发银行 2006 年 8 月 2 日见到 8.60元后，该股缓慢走强，直到 10 月 18 日，该股突破 12.72 元，发出鱼尾买进信号，2007 年 2 月 2 日该股跌破 24.38 元，发出鱼头卖出信号。

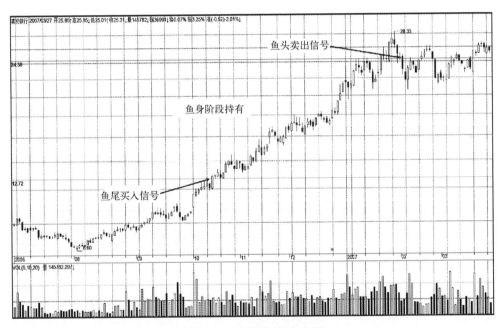

图 16-18　浦发银行大鱼图

战例 2：乐凯胶片"5·19"行情启动后，明显落后于大盘走势，6 月 11 日该股突破 13.76 元发出鱼尾买进信号，后该股狂飙，直到 7 月 6 日跌破 23.82 元，正是发出鱼头卖出信号。如图 16-19所示。

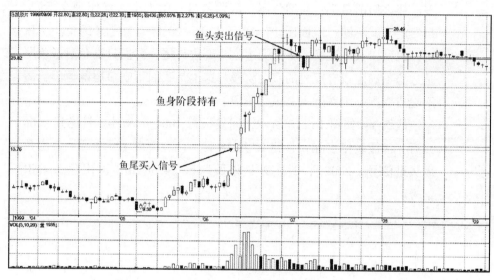

图 16-19 乐凯胶片大鱼图

战例 3：浪潮软件从 1999 年 12 月底与大盘同步见底，后该股逐渐走强，直至 3 月 6 日，该股突破 13.75 元鱼尾买进信号，至 4 月 3 日跌破 40.25 元发出鱼头卖出信号，成为 2000 年最牛的个股之一。如图 16-20 所示。

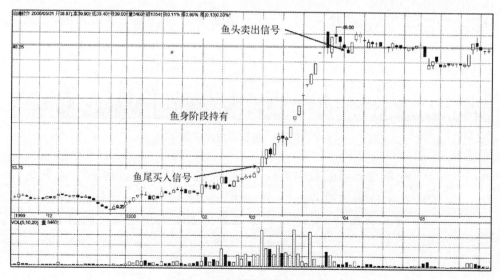

图 16-20 浪潮软件大鱼图

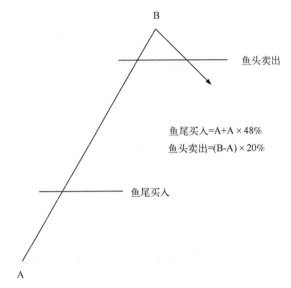

图 16-21　财富宝典 4 模块化示意图

财富宝典 5：加仓法则：一旦突破前期高点 8% 为第一加码点，若没有则以 20% 后上升 8% 为第一加码点。从第一加码点开始关注时间之窗，此后每上升 8% 分次加码。若 20% 与 8% 在同一天突破，则加大买入量，同时关注时间之窗。所谓突破必须是收盘价，做个股一定要看大盘，那些只看个股不看大盘的人终究会被淘汰。大河无水小河干，这是自然规律。

财富宝典 6：支压买卖法则：上升看支撑，下跌看压力。该战法规避了众多的虚假信号，保持了利益最大化的目的（图 16-21）。

战例 1：如图 16-22 所示，它是浦发银行 2006 年 8 月 2 日至 2008 年 3 月 10 日的日线图。假如说你在 10.4 元买入，那么你能够抱着这只股票多久呢？盘中洗盘是否把你清洗掉呢？每次大幅度洗盘可能让你错失巨大的利润。若以大鱼法则你会在 2007 年 2 月 2 日卖出，若以支压法则你会在 2007 年 11 月 21 日卖出，若你能够在 11 月 21 日卖出，那么恭喜你，你是顶尖高手了。

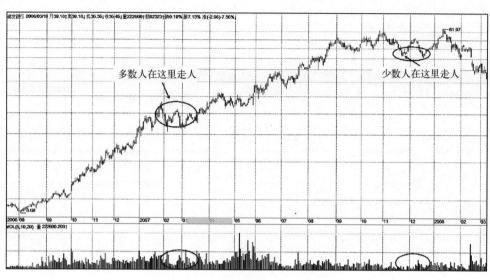

图 16-22　浦发银行支压法则卖出图

战例 2：如图 16-23 所示，该图是上海机场 2006 年 8 月至 2007 年 11 月上升图。假如你在 13.5 左右买入，可以一路持有到 2007 年 10 月 12 日卖出，当日平均价格为 37 元。此后，该股明显放量，说明有大量出逃者。

图 16-23　上海机场支压法则卖出图

战例 3：若你在 2006 年的 24.5 元左右买入贵州茅台，运用该法则你就可以一路持有到 2008 年 1 月 31 日，在 2 月初以 200 元左右的价格卖出，中间没有出现过一次卖出信号。如图 16-24 所示。

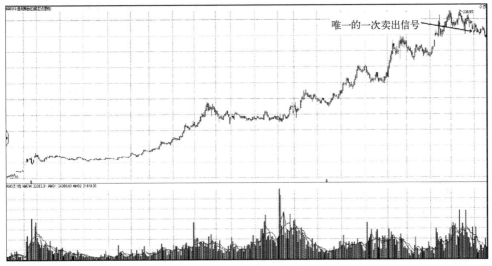

图 16-24　贵州茅台支压法则卖出图

技术就是那么一丁点儿，而人心却如巨海波涛。正如电视剧《少年包青天》中八贤王所说：事情可以计算得准确，而人心却永远计算不出来。如何修炼健康的心理状态，可不是一两下子就能解决的事情。高手面前比的不是技术而是心态，用好一些常识性的东西在很多时候要比一些所谓的技术更能解决问题（图 16-25）。

支压法则

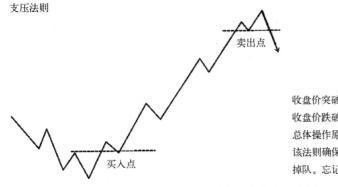

卖出点

买入点

收盘价突破上方虚线时为买入时机；
收盘价跌破下方虚线时为卖出时机；
总体操作原则：顺大势，逆小势；
该法则确保利润最大化，确保中途不掉队。忘记价格，记住趋势

图 16-25　财富宝典 6 模块化示意图

第十七章

关于价值投资的一点看法

　　价值投资在国内的质疑声从来就没有停止过，当然，对于基金而言，他们一直相对理性，在这方面始终是先头部队，但 2005 年以后市场出现了本质性的变化，一批有卓见的投资人开始真正挖掘一些可以长期投资的股票进行投资，并也取得了非凡的成果，并见于一些价值投资的书籍之中。这是非常了不起的一批人，未来价值投资者必定以此为师，以此为祖，向他们致敬。

　　在多年的研究过程中，笔者更多的是专注于 K 线本身，至于价值投资真正让笔者有思考的，是国内著名的投资人罗善强先生，罗先生的《中国股市机构主力操盘思维》让笔者开了点儿窍，也让笔者第一次尝试价值这两个字的内容，并且创出了价值中枢这个快速判断市场价值的密码。至今笔者完善了这个价值中枢的内涵，在这里笔者想对罗善强先生说声谢谢。价值中枢目前是笔者判断大盘与个股的价值投资最重要的方法之一，非常实用，指标化与公式化均非常好。

　　2001 年 6 月 14 日市场见到了 2245 点，从 1994 年 7 月 29 日开始的这次牛市运行 84 个月后彻底终结，运行 7 年。实际上，若从深成指的走势情况看，1999 年后市场就没有真正上涨，然而上证指数却从 1341 点开始顽强地走高到 2245 点，从道氏理论两者验证的角度看这本身就是一个问题。2001 年 2 月开始到 6 月的走势基本上是复制了 1998 年初到 6 月的走势，都是走了一个圆弧顶的形式，而后都是一个逐渐下跌到暴跌的过程，2001 年 7 月 30 日上证指数跌破笔者价值中枢下轨，3 日彻底跌破，与此同时，月线级别完成转折，从此市场真正步入长达 5 年的熊市。我们给出价值中枢是 1270 点，市场在 2014

年9月13日最低见到1259点，后迅速产生一波大幅反弹，此后机构主力开始真正进场，在下跌20%的空间幅度里进行了整一年的建仓期，从跌破1270点到998点为期6个月，后市再用6个月筑底，从而产生了历史上到目前为止最强的牛市，上涨5000点。如图17-1和图17-2所示。

从2007年10月16日6124点开始的下跌刚好碰上美国次贷危机，出现了大暴跌，我们给出的价值中枢是2020点，市场在2008年9月16日破位，3天后出现大幅反弹，6个月后市场再次完成筑底，开始上行。如图17-3和图17-4所示。

中国股市是政策市吗？为何如此精确地遵守着价值中枢？2009年见到3478点后开始回落，我们给出的价值中枢在2027点，市场在2012年9月20日开始见到，市场以上升20%的空间幅度展开建仓，然后大幅度洗盘，此后在该区域展开牛市。如图17-5和图17-6所示。

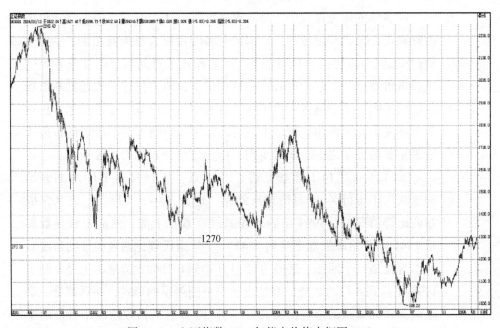

图17-1　上证指数2001年熊市价值中枢图（一）

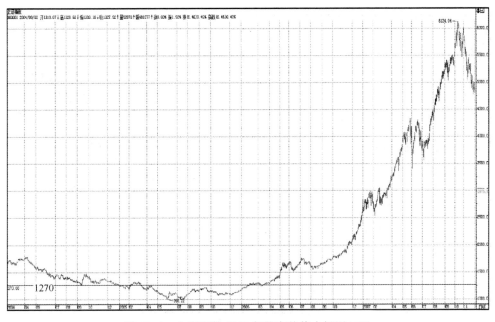

图 17-2　上证指数 2001 年熊市价值中枢图(二)

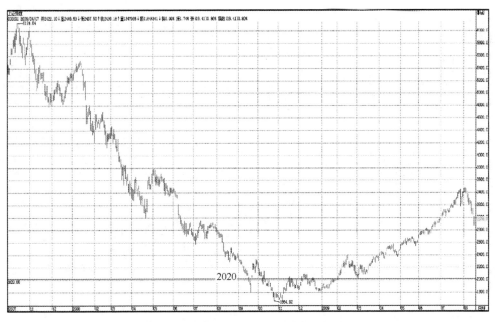

图 17-3　上证指数 2008 年熊市价值中枢图(一)

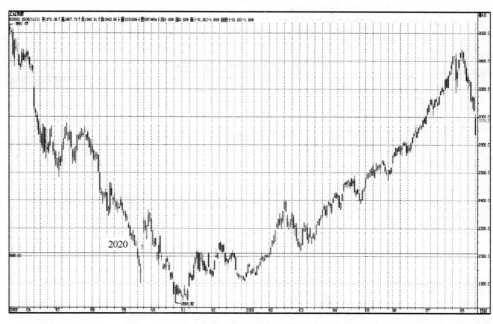

图 17-4　上证指数 2008 年熊市价值中枢图（二）

图 17-5　上证指数 2009 年 8 月后价值中枢图（一）

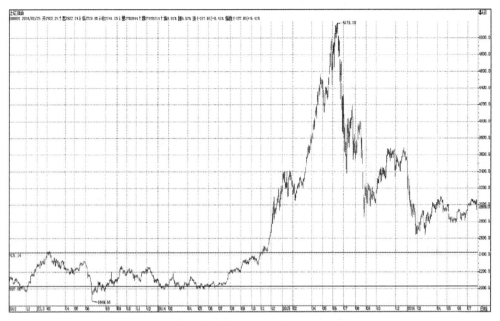

图 17-6　上证指数 2009 年 8 月后价值中枢图(二)

　　主力完成建仓后反而进行了洗盘与震荡，共 22 个月，由此我们可以推断，如此长的底部时间建仓，怎么会在 5178 点就完成了呢？未来牛市的路还很长，我们看好未来的牛市。这是国内大盘的分析，作为投机价值的个股分析与大盘完全相同，在此不再举例。

　　罗善强先生讲过，股票的价值包括两个部分，投资价值与投机价值。股票的投资价值是指股票本身所包含的内在价值，股票的投资价值影响因素是多方面的，也是最难以正确估算的。股票的投机价值源于股票市场因素，这部分价值的估算在很大程度上还是可以精确估算的，笔者正是利用这一点创立了价值中枢分析。

　　以下以美国棉花为例，之所以选择美国棉花，是因为以此说明该方法适用于任何市场。美国棉花指数在 2001—2008 年的波动中呈现宽幅震荡，其投机价值在 40.5 ~ 42.4 区间，每次到这个区域都是良好的战略进场点。目前棉花的中长期价值在 45 美元附近。如图 17-7 所示。

　　2001—2016 年美国原油的价值中枢在 43.85。如图 17-8 所示。

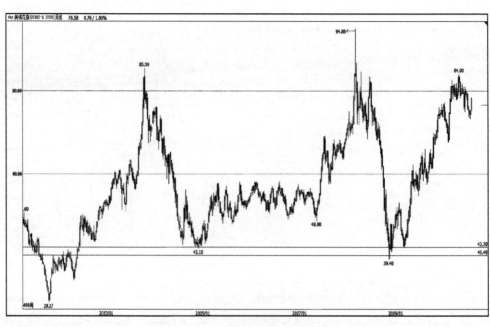

图 17-7　美国棉花指数价值中枢图

图 17-8　美国原油价值中枢图

2001—2016 年以来，美元的价值中枢在 80.76 点，40 年以来美国以每年贬值 0.5% 的速率是美国的核心也是底线，这一点笔者在 2013 年 12 月 4 日的博客中已经有所阐述。如图 17-9 所示。

图 17-9　美元指数价值中枢图

　　未来黄金一路熊市不可避免，中国可在 930 或 590 附近大量储存黄金。如图 17-10 所示。

　　白银的投机价值在 13.2 附近，目前已经深具投资价值，可大量储备。如图 17-11 所示。

　　需要指出的是，由于黄金、白银从来都是你追我赶的走势，作为佐证，白银已经到达长期投资区域，不排除黄金也已经到达价值投资区域，但从计算上来说 950、590 可为真正战略买点。

　　当数字计算转换为线性图表时，往往不是那么精确地反映数字计算本身，这一点就好比计算移动平均数与移动平均线的关系一样，笔者价值中枢在转换为图表时也同样遇到了这样的困境。但总体上来说，图表还是会反映一定的现象，但若不明白背后的原理，可能就会误入歧途。

图 17-10　黄金价值中枢图

图 17-11　白银价值中枢图

　　价值中枢指标是笔者价值中枢的指标演化，虽然没有笔者价值中枢更能够反映市场信息，但在指标化后，直观可视性是笔者价值中枢所不能够比拟的。笔者价值中枢指标作用有与均线系统类似的功能，但也有独特的用法：当价格突破牛线时，价格将会加速上升，一旦再次跌破牛线，则波段上升可能结束。当价格从低位上升至牛线时价格将会面临强大的阻力。当价格从高位下降到熊线时，市场面临强大支撑，若破掉短期收不回，则市场将会继续大幅走弱，空头正式进场。中线是衡量持仓量的分水岭，若不破则中线继续持有，若破中线多头坚决离场。价值中枢指标十分有效地规避了线性指标的一些缺点，该指标有形无形地配合着道氏趋势判定，其优势比布林线要强得多，也比单纯的均线系统要强大。指标或不能带来直接的利润，但可以有效地规避一些不必要的损失。

　　历史永远是时间的记忆，你记忆或忘记，它都定格在那里。人往往不会记住太长的历史，正因为如此，市场才显示出复杂而美丽的图表。当你真的理解了历史，且有足够的长度，相信你对未来不会有太多的迷茫。

　　2004 年 4 月下旬上证指数跌破牛线，5 月中旬跌破中线，市场一路下行，在 2005 年 6 月前这段时间，市场没有一次穿越中线，是个明显的空头状态，直到 2005 年 6 月 6 日见到了历史性的 998 点。在"六六大顺"与"九九发"的带领下，市场在 8 月与 9 月两个月接连上穿中线与牛线，当市场穿越中线时，空头到达了离场标准。后市市场在 2006 年 1 月再次穿越牛线，由此牛市行情正式拉开，市场直到 2008 年 1 月才再次下穿中线，宣告上升波彻底结束。中线就是多空离场信号线，准确性非常良好。如图 17-12 和图 17-13所示。

　　2008 年 1 月末，市场跌破熊线，空头进场，一路持有到 2009 年 2 月初，市场穿越中线，空头离场信号。2 月中旬市场连续穿越中线与牛线，然后又一次反复，在 3 月 20 日市场再次上穿牛线，多头再次进场。如图 17-14 所示。

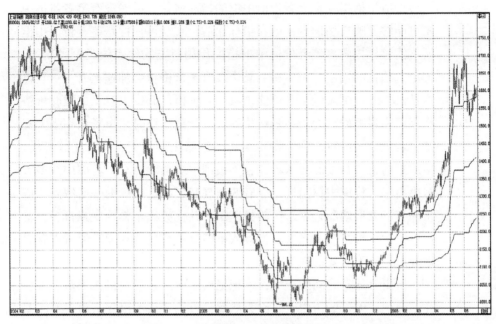

图 17-12　笔者价值中枢指标化图（一）

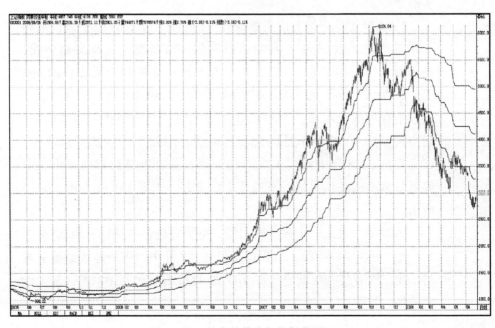

图 17-13　笔者价值中枢指标化图（二）

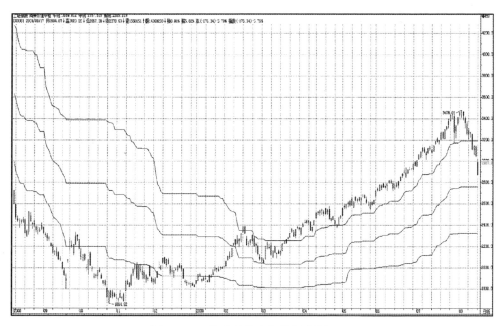

图 17-14　笔者价值中枢指标化图(三)

接下来是 4 年熊市，在配资的买力下迎来了 2015 年的杠杆牛，如图 17-15 所示。以上这些日线价值中枢指标的多空识别能力与道氏理论判定趋势结构基本重叠，说明它们的价值功能类似。市场在 2016 年 7 月突破中线，接着又一次突破牛线，目前刚好是回调时期，当市场再次踏上牛线之时，便是展开上升行情之日，数据截至 2016 年 9 月 29 日。如图 17-16 所示。

图 17-17 是上证指数从 1990 年以来的线性价值中枢图，整体表现还是呈现良好的上升状态，目前为止市场仍然处于上升的过程中，没有一次有效跌破熊线。

通过研究表明，中国股市价格绝大部分都是以净资产作为未来价格判断点，净资产增长率是研判是否具备价值投资的重要依据，目前投资界以 15% 作为基准判断点。当然，具体行业需要具体的区分，但作为除银行外的其他个股而言，净资产的 5 倍将会是价格的第一道门槛，市场大幅波动冲击的目标往往就是这个点位，而一些优秀的个股在冲破 5 倍后会选择 10 倍、15 倍攻击，这几年的例子非常之多。

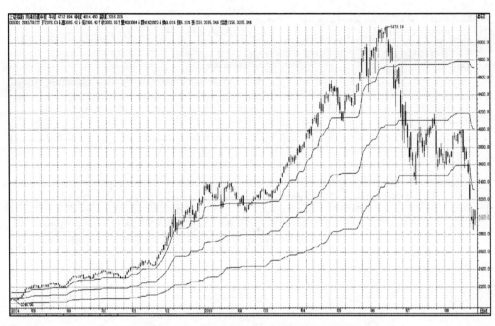

图 17-15　笔者价值中枢指标化图（四）

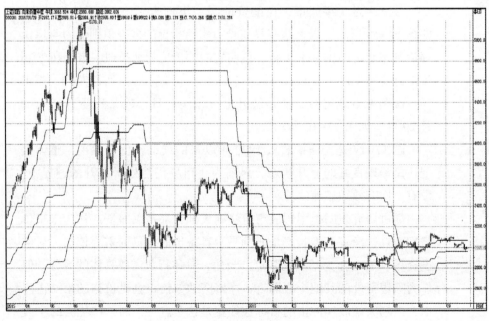

图 17-16　笔者价值中枢指标化图（五）

图 17-17　上证指数周线笔者价值中枢指标表现图

　　图 17-18 是首创股份两次大的攻击均在 5 倍净资产处止步。小盘股或创业板中小板个股往往在 10 倍或 15 倍处止步。

图 17-18　首创股份价格评估图

　　图 17-19 是机器人走势图，作为这两年最牛的个股之一，止步于 15 倍净资产。而紧跟其后的华星创业却止步于10倍净资产（图17-20），红日药业则止步于 5 倍净资产（图 17-21）。以 5 倍净资产可以作为基准点对个股进行研究，参考价值巨大。

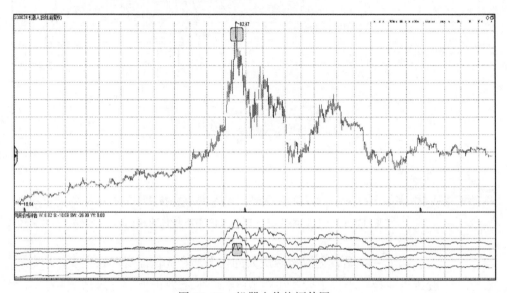

图 17-19　机器人价格评估图

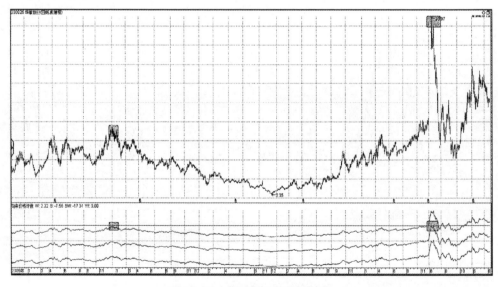

图 17-20　华星创业价格评估图

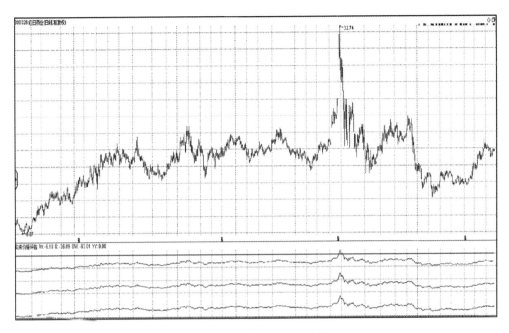

图 17-21　红日药业价格评估图

以价值中枢作为操盘基准，以净资产 5 倍作为估值基准，可以在这个股市中闯出一片新天地。

第十八章

一些新发现

　　以下是笔者众多新发现中的一部分，这些都是经过了很长时间的积累，并经历了时间的考验，在本书中有些图表是笔者当时发现后随手捕捉的。

一、能量守恒与波浪理论

　　能量既然守恒，那么上涨即牛市开始到结束的涨跌幅度，必然等于下跌时的幅度。

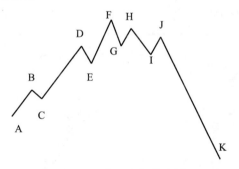

图 18-1　能量守恒模式图

图中 AB+BC+CD+DE+EF=FG+GH+HI+IJ+JK

　　例：000902 中国服装，如图 18-2 所示。

21.89-6.6=15.29	21.89-12=9.89
预测 15.29-9.89=5.4	17.2-12=5.2
9.69+5.4=15.09	17.2-6.74=10.46
15.09-10.46=4.63	6.74+4.63=11.37

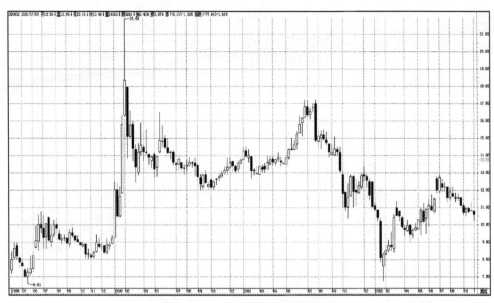

图 18-2　中国服装能量守恒图

例：600832 东方明珠，如图 18-3 所示。

19.28−10.78＝8.5　　19.28−12.04＝7.24

17.8−12.04＝5.76　　17.8−13.41＝4.39

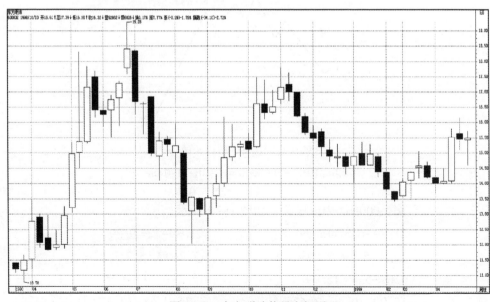

图 18-3　东方明珠能量守恒图

13.41+4.39+5.76+7.24+8.5＝39.3

以上方法可用于日线、周线、月线等图表，也有助于我们判断波段的真假性，是检验波浪完成与否的核心。此法亦是基于互补论创建的。

二、对称

图表形态的对称性有助于我们对未来走势形态的了解，通过国内外图表，说明对称是非常实用的概念，有时对观察市场、理解市场非常有用。如图 18-4 所示。

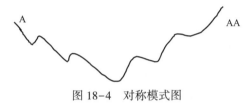

图 18-4　对称模式图

对称在外汇市场中最常见，包括在价格与时间。对称的关键核心就是多空互换后出现对市场未来的预期，只有在多空转变后才能够运用对称。如图 18-5 所示。

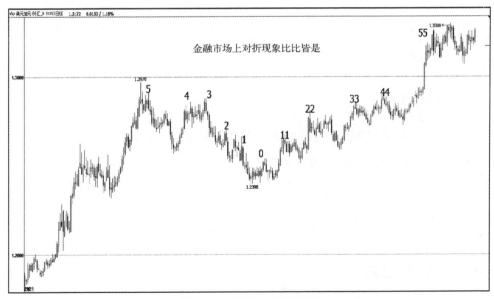

图 18-5　美元/加元对称图

三、六十甲子论股市

1998.6.4	戊寅	丁巳	壬午	1422+318＝1740（1999 之顶）
1999.6.30	己卯	庚午	癸丑	1756+360＝2116（2000 之顶）
2000.8.22	庚辰	甲申	壬子	2114+120＝2234（2001 之顶）
2001.6.14	辛巳	癸巳	戊申	2245−174×3＝1723（2002 之顶）

六十甲子表

甲子 360	乙丑 6	丙寅 12	丁卯 18	戊辰 24	己巳 30	庚午 36	辛未 42	壬申 48	癸酉 54
甲戌 60	乙亥 66	丙子 72	丁丑 78	戊寅 84	己卯 90	庚辰 96	辛巳 102	壬午 108	癸未 114
甲申 120	乙酉 126	丙戌 132	丁亥 138	戊子 144	己丑 150	庚寅 156	辛卯 162	壬辰 168	癸巳 174
甲午 180	乙未 186	丙申 192	丁酉 198	戊戌 204	己亥 210	庚子 216	辛丑 222	壬寅 228	癸卯 234
甲辰 240	乙巳 246	丙午 252	丁未 258	戊申 264	己酉 270	庚戌 276	辛亥 282	壬子 288	癸丑 294
甲寅 300	乙卯 306	丙辰 312	丁巳 318	戊午 324	己未 330	庚申 336	辛酉 342	壬戌 348	癸亥 354

四、点位时间

每年的最高点与最低点只要用心研究都会有新的发现。

1429 点	9+1992＝2001 年	386 点	6+1992＝1998 年
1558 点	8+1993＝2001 年	325 点	5+1994＝1999 年
1052 点	2+1994＝1996 年	512 点	2+1996＝1998 年
855 点	5+1996＝2001 年	1510 点	1+1997＝1998 年

五、最小的阻力

混沌理论中有这样一句话，宇宙中的每个事物均遵循最小的阻力途径。最小阻力途径由始终潜在并通常不可见的结构所决定。那么何谓最小的阻力途径？经过努力，笔者发现了金融市场上的时间、空间、价位的最小阻力途径。时间最小阻力途径是 11%；空间最小阻力途径是 16.7%；价位的最小阻力途径是 25%。这三个最小阻力途径发现是具有非常的意义。笔者还发现，时间的最小阻力与空间的最小阻力分别与宇宙的脱离速度和逃逸速度非常接近，脱离速度是 11.2 千米/秒，逃逸速度是 16.7 千米/秒。那么价位最小阻力 25% 是从哪里来？我们不得而知，但你能感受到时空波动与物理有一种说不清的情结，而看不见的结构当然是时空波动了。

六、一分为二与奇数

将一个事物分解成两个事物，一分为二成为两个相邻之数，这是一切预测最重要的，也是最关键的。不论是中国还是外国，不论是日常生活还是其他，用奇数者沅多于偶数，如三生万物，三阳开泰，五福临门，一周有 7 天，江恩更是将 7 用得出神人化。这些大都是褒义之用，也不知为什么，很少有人提出异议。经过努力，笔者终于揭开了这个秘密，原来奇数是阴阳合体数，偶数是纯阴纯阳数。揭开这个秘密的意义很大，用奇而不是用偶便是阴阳和万物生，便是中庸而大道也，这也是江恩的 3，5，7，9，12 神奇数字的秘密所在（图18-6）。

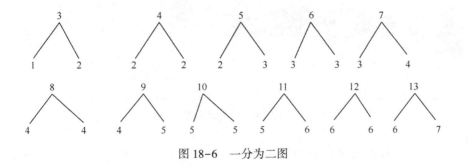

图18-6　一分为二图

在这个一味讲求新的世界里，旧的便有了价值与意义。以 3，5，7，9 为例：

3：1, 2;　　5：2, 3;　　7：3, 4;　　9：4, 5。

其相邻数为阴阳数字，奇数是阴阳合体指数也。

以 2, 4, 6, 8, 10 为例：

2：1, 1;　　4：2, 2;　　6：3, 3;　　8：4, 4;　　10：5, 5。

为何 4 不能以 1, 3 呢？不相邻不相近也。这样就造成了 4 乃纯阴之体，6 乃纯阳之体，8 乃纯阴之体，10 乃纯阳之体，隔位纯阴纯阳是偶数的一个特征，这是世上首次推导此现象，或许我们的老祖宗知而不言吧？

七、河图洛书之谜

图 18-7 给予笔者智慧与灵感，让笔者更多地从天体运行规律领悟到了天地万物一体，领悟到了先圣们所讲的："仰观天文，俯察地理，近取诸身，远取诸物。"形之以象，达之以位，用之以数，慧之以意，则万事万物通。

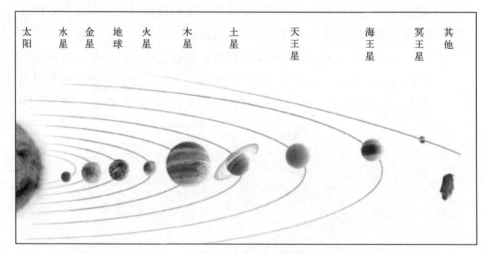

| 太阳 | 水星 | 金星 | 地球 | 火星 | 木星 | 土星 | 天王星 | 海王星 | 冥王星 | 其他 |

图 18-7　太阳系图

河图洛书乃中华民族最具有智慧性的无声图表，河洛出，术数成。河图洛书在术中是具有灵魂般的存在，很多大贤均对此做过解释与应用，历来都是萧规曹随，没有人提出为什么会是河出图、洛出书，几千年以来，均以神龟等物解释，然这种解释不能让人信服，而今笔者斗胆自解成体。河者，黄河乃阳也，洛者，洛水也，阴也。河为阳，洛为阴，圣人就是想告诉你阴顺阳逆法则而已。

图 18-8 是图形，实际上是数字，图 18-9 和图 18-10 转换成为数字。

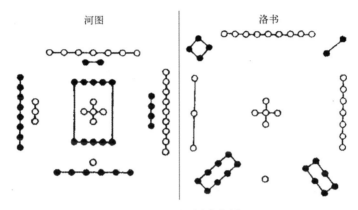

图 18-8 河图洛书图

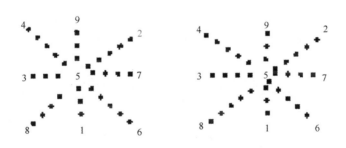

图 18-9 15 米字图

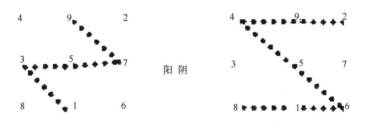

图 18-10 阴阳顺逆图

阳逆流而上，阴顺流而下。正如《周易》所曰："数往者顺，知来者逆。"在这里体现了阳逆行，阴顺行之大法则，阴阳运行规律才是真正的大道所在。K线顺逆均为众生大道。股市中则为以下各图，牛市、熊市以及组合。如图18-11至图18-13所示。

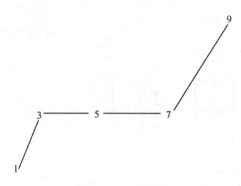

图 18-11 阳升图

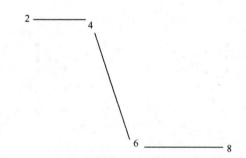

图 18-12 阴降图

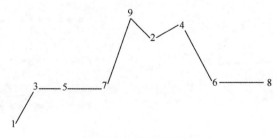

图 18-13 阴阳波动图

同样是，阳逆升，阴顺生。股市亦如此。1+3+5+7+9＝25，2+4+6+8＝20，这也是笔者以 25％ 为买入点的秘密所在，亦是以涨跌幅度的 20％ 为卖出的原则。

以上就是走势图的基本态势之背后数字的秘密，有足够经验的波浪理论者可进行如此波浪结构研究。笔者一直坚定地认为，最基础的就是最高深的，只有基础研究透了才能更好地服务众人。

八、关于均线的用法

MA 我们称之为移动平均线，是某个周期之和然后除以某周期得出来的结果。比如，某股票第一天收盘价格为 10 元，第二天为 10.1，第三天为 10.2，……第 11 天为 11 元，那么 10 天的平均数为：10+10.1+…＝115.5，115.5÷11＝10.5，这就是平均数的由来，也是移动平均线的数学基础，excel 轻松搞定此类求和与平均，这才是移动平均线的真谛。而现在市场似乎忽略了这个最基础的东西，丢掉基础就等于丢掉大厦的根基。

笔者下面讲一个经典的例子。对于均线系统，日本人最核心的就是国内称之为乖离率的指标，史蒂夫·尼森在其著作中称之为差异指数的指标，这个指标国内没有多少人能搞明白是什么意思，史蒂夫·尼森的差异指数也成为差异比例，用百分比数来表示是以收盘价减去移动平均线值后的差，除以选定的移动平均线。该定义的核心就是平均线数值。例如，若以 13 日平均线为基准，则数值达到±13 时往往就是顶部或底部，这才是乖离率的核心命题。而国内运用的手法还停留在一个不知所以然的状态，这一点就跟周期线一样的道理，20 日平均线要观察的自然是 20 天或者 20 点的变化情况，观察需要破 20 日均线的开始。这才是一个正确的开始，自然会有一个正确的结束。

关于用哪条均线，各说各的理。下面笔者将结合现状再讲一下如何定制均线。在下降通道中设一条均线压住第一处反弹高点，就是这一条均线对未来有重大的指导意义(设为 x 线)。例如，图18-14 显示的同方股份从 2008 年 1 月 21 日至 11 月 5 日下降趋势中压住第一条反弹高点的均线是 51 天均线，时间是 2008 年 5 月 15 日，2008 年 11 月 4 日见底，见底后当日中位数 6.83 元，6.83×1.51 = 10.3，10.3×1.51 = 15.56，查看后市图便知其意义之所在。

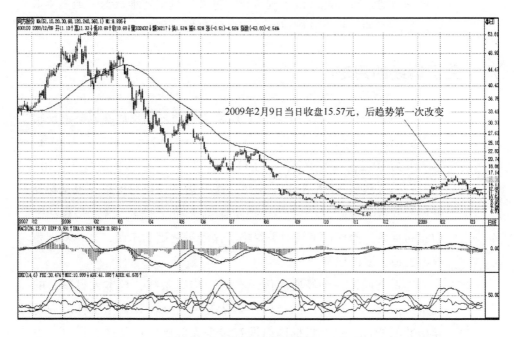

图 18-14　同方股份均线图（一）

在上升通道中支撑第一次重要低点处的均线，是未来下降幅度的指导线（设为 y 线）。仍然以同方股份为例，如图 18-15 所示，同方股份在 2007 年 6 月 5 日支撑线为 78 天均线，若你仔细查看未来走势，每一次跌破 78MA 均是又一次下跌的开始。用 x、y 线组合则是非常好的实战指导线。历史是循环的，哪怕是均线和指标系统也不例外。当然，在计算价位上还有更好的计算方法，有兴趣的可以去研究其他方法，在这里笔者给各位提个醒，高低点与均线的关系非常重要。

图 18-15 同方股份均线图(二)

九、加减时空与人生智慧

你需要多少智慧？"＝"，没错，是等号。1？＝…1，左边有多少技巧就需要右边有多少哲学来补充，才能达到最高境界的平衡。需求越多，欲望越多，都是左边无限的不必要的东西，这是我们老祖宗老是提及的归一的重要原因，也是一再强调阴阳平衡的原因所在。

小时候我们在小学用加减法解决问题，一加一减解决了我们最初的问题，这些都是最基础的、最原始的东西，没成想最初的东西就是解决大问题的东西。现在的人放着简单不用而一定要用大量的高等数学来解释，用什么智能，数字神经，等等。当然，他们学问渊博，可一大通之后还是不能解决个所以然。放在眼前的秘密就是最大的秘密，《功夫熊猫》里的鸭子说了实话：最大的秘密就是没有秘密。

　　在研究的过程中笔者运用了少量的×÷，其他基本上没有用上，最终，运用了+－号，辛辛苦苦地转了一圈，没想到又回到了起点。道之大，莫过于一加一减，莫过于一阴一阳。学会一加一减足以运用一生。研究起点就是研究终点，研究终点就是研究起点。历史如此，股市如此，人生也如此。

附　录

9 年循环

循环原则告诉我们，时间本身始终是以永无休止的，重复的模式和节奏在循环、在轮回。

世间的一切都随着太空的气息节奏而扩展、收缩，尽管太空的节奏变化需要上亿年的时间。季节每年轮回一次；雨水从天上落下来，又升上天空、凝结、又落下来。节奏与轮回无处不在。

在日常生活中也存在着各种各样的较小的循环，只不过它们通常不被我们重视罢了。生命的能量也有一种重复的模式：出现、消失、再出现，随着时间向上循环。就个人而言，每当我们吸取了人生的教训，我们的生命能量就会增强，向着我们的最终目标增长。

1~9 这几个数字也包含了一种循环。以循环的模式来观察我们人生的节奏与模式，其价值在于：如果能使个人的愿望与更大的力量、节奏在时间上同步，我们就能更好地利用时间的力量；在时间的长河里畅游，我们就能达到每一种能量的顶峰，与自然形成一种完美的和谐。

在我们一生的生活中，即使生日数码及相关的能量始终保持不变，我们也要经历有规律的、发展的循环，其能量来源于 1~9 这几个基本数字的能量。我们的观点是这样的：我们出生的年份与我们的基本人生目标有关；在接下来的年份是一个更大的数字，它代表一种力量更大的数字能量，依次类推，直到数字 9 为止。推到 9，我们又会开始新的一个轮回。因此，除了我们的生日数码对人生道路的影响以外，我们还会体会到一生中 9 年一个循环的年份数字的巨大的影响，每年都会带来新的问题、新的机遇。

耕种的循环模式是播种、生长、成熟、收获，而后又耕田，为新一轮循环做好准备。我们需要用理解这种节奏的相同方式来理解每年循环的能量。这一比喻看上去或许很抽象，但是，在我们确定出我们的循环以后，它能为我们提供有益的、实际的指导，将有助于我们注意时间的循环并充分利用时间。

一、9 年循环

1. 创造力与信心

循环的第一年。是创造的一年、是播种的一年、新生的一年，是需要我们满怀信心去迎接新机遇的一年。种子已经种下，但还未破土而出。这是一个规划的时机，也是一个下决心的时机。我们可以返回学校去学习，也可以在原地，也可以搬迁到一个新的地方去，开始新的生活。初春时节，大雪刚刚开始融化。

2. 合作与平衡

循环的第二年。种子还需要阳光、土壤和水分等外力的帮助和相互作用。在我们的生活中，循环的第二年意味着以某种形式与别人合作。我们需要确定自己的边界，根据与他人联系，在新的工作或活动中为自己做出正确的定位。建立新的联系、同盟以及有益的沟通渠道。大地变得更温暖了。

3. 表达与敏感

循环的第三年。种子破土而出，见到了阳光。新生的事物总是引人注目，更需要精心呵护，因为初生的芽体十分娇嫩，很容易受到伤害。我们在这一时期可能会产生脆弱的感情，会有这样的疑问：我行吗？然而，此时我们眼界宽了，我们看见的、体验的更多了。现在已是仲春。

4. 稳定与过程

循环的第四年。芽体长得更粗壮了，根也扎得更深了。这是一个获得稳定的时期，一个确保根基更牢固的时期，而不是一个表演的时期。这是一个检验与反省的时期，一个补偏救弊的时机，一个力量重组的时期。我们需要做的，就是确保准备齐全。夏天即将来临。

5. 自由与约束

循环的第五年。果树开花了，引来了其他的生命——小鸟、蜜蜂和森林里的生灵。假如我们的工作一直很好，土壤又肥沃，假如我们有效地利用了前4年的时间，那么现在就是充满机遇、选择自由的时期了。果树结出了第一批果子。这是一个值得庆祝的时期。夏天到了。

6. 眼界与接纳

循环的第六年。是奉献的时期，是与他人分享果实、分享收获的时期；是带着责任与远见卓识，分享好运，倾诉衷肠的好时期；是慷慨与富裕的时期，也是接纳、欣赏已经存在的、将出现的和未来局面的时期。现在是仲夏。

7. 信任与开朗

循环的第七年。是感激的时期，要"饮水思源"——记住所有的果树、果实的来源。在这个时期，我们不能因为目的达到了就开始享受、开始逍遥了，而是要回顾过去几年，并从中吸取教训：第一年的创造欲；第二年的团队协作；第三年的战胜脆弱、消除疑虑；第四年的重组与巩固；第五年的收获以及第六年的分享。要感谢过去的种种挑战，没有过去的一切，就没有现在的一切。秋天已经来到。

8. 财富与力量

循环的第八年。这一年给那些追求丰收的人带来了前7年的丰厚回报。收获的多少直接反映付出的质量。果树现在又高又壮，果实成熟了，有价值了，等待着收获。秋风吹起，树叶变黄了，黄得像金子，像彩虹，随风飘落，预示着晚秋时节已经来临。

9. 完美与智慧

循环的第九年。是完成的一年，是放飞的一年，是做出宁静反应的一年，是产生智慧的一年，一个回顾过去、理解循环结束又开始的一年。决不要有任何依恋，因为一切都已经过去。秋天已经过去，我们该重新翻土了。只有这样，在下一循环的春天里，我们才可以重新播种，播种新的希望和活力，并用所得的智慧去改进我们在下一循环的生活。在我们期待着光明重现时，寒冬的甘苦会给我们的内心带来一段时期的沉默与宁静。

二、确定自己在 9 年循环中所处的位置

下列练习说明怎样去判定你人生中每一年的能量，可以帮助你理解利用能量与时机变化的循环：写出你出生的月份、日，但要用当前的年份替换出生的年份。

例如，我写这本书是在 1993 年，因此为了确定我今年的能量，我就写出出生日期，用 1993 替换我出生的年份：2—22—1993。读者当然应该用你阅读这本书时的具体的年份。

先写日期，再写月份，最后写年份，用计算生日数码的方法来计算。在 1993 年我就该这样计算：2—22—1993 就应该算成 $2+2+2+1+9+9+3=28=10=1+0=1$，因此在 1993 年时，我处在 9 年循环的第一年。新的循环从生日那天算起。

我们来看看循环的最终数字是怎样有规律地计算出来的。继续拿我的出生日期来举例：

1994 年 2—22—1994 就应该算成 $2+2+2+1+9+9+4=29=2+9=11=2$，循环的第二年。

1995 年 2—22—1995 就应该算成 $2+2+2+1+9+9+5=30=3+0=3$，循环的第三年。

1996 年 2—22—1996 就应该算成 $2+2+2+1+9+9+6=31=3+1=4$，循环的第四年。

1997 年 2—22—1997 就应该算成 $2+2+2+1+9+9+7=32=3+2=5$，循环的第五年。

1998 年 2—22—1998 就应该算成 $2+2+2+1+9+9+8=33=3+3=6$，循环的第六年。

1999 年 2—22—1999 就应该算成 $2+2+2+1+9+9+9=34=3+4=7$，循环的第七年。

2000 年 2—22—2000 就应该算成 $2+2+2+2+0+0+0=35=3+5=8$，

循环的第八年。

2001 年 2—22—2001 就应该算成 2+2+2+2+0+0+1 = 36 = 3+6 = 9，循环的第九年。

请注意：如果最终数字是两位数，一定要把它再次相加。

三、回顾你一生重大的事件

1. 用一张纸写下你的出生年份，然后再逐年列出年份，一直列到当前年份。

2. 尽可能地去回忆往事，想起了什么重大的事件就写下来，无论好坏，写在那一年旁边。从这个练习中你能领悟许多事情，即使只想起几件事和发生的年份，也能让你有收获。

3. 在你出生的那一年的左边，写下你主要的人生目标(1~9，或10，11，12)；假如你的出生日期为30/6，那就在出生的那年的左边写上6，第二年写上7，接下去写上8、9，然后又1、2、3——这样写下去，按9年一个循环，把每一年都写上，一直写到现在。现在你就能明白每一年你在9年循环中的位置了。注意：如果人生目标有两位数，比如29/12，你就得将这两个12进行1+2的运算，从而得出9年循环中的位置为3。

4. 回顾所有的第一、新的循环的开始，看看我们说的内容是否与你的情况相符，然后再看所有的第二，看看是否揭示了你生活中相关的事件。依次类推，再看第三、第四，等等。

5. 哪些年特别好？注意到了任何重复的模式了吗？当第八年带来回报丰收时，前面几年告诉了你什么？假如你将一个9年循环的旧模式直接用到第二个循环中，对你的生活产生了什么样的影响？

四、从循环中学习

除非你的生日中数码为 19/10，28/10，37/10，或 46/10，你的人生第一年不会正好就是9年循环的第一年。比如，我出生在1946年2月22日，我的人生第一年在9年循环的第八年。虽然我刚刚来到这个世界，我却给自己和父母带来了一种与财富和权力相关的力量

（在孩子完全自立之前，孩子们的出生年份的能量常常能反映父母的生活情况，由于孩子们处于独立的发展过程中，父母的情况会影响孩子们幼年的生活）。

再看看你的循环，你可以注意到循环中 1 的这些年份常常涉及某种新的开始，而 9 的这些年份往往是结束某事。你的结果可能会、也可能不会与我们说的这一点完全一致，但是你可以留意到 1、2 等年份中的相似点——相似的事件或影响。经过思考、分析，你就能逐渐明白生活的节奏与循环——远见卓识可以帮你觉察到未来的岁月里会有什么倾向、能量和机会。

五、乘轮回之风

理解这些轮回能带给你新的鉴赏力、新的耐心和智慧，更好地理解、欣赏或利用当前生活情况里不断变化的问题及机遇。比如，假如你发现自己今年因为不富有而充满挫折时，你现在可能正好处于循环的第三年。明白这一点，对你大有帮助。不要期待马上收获，你可以利用这一年的能量，充分利用现在的表达与敏感去开创、拓展诚实的交往，表达出自己的需求与感受，在丰收的时节（第八年）来临前，打好成功的基础。好好利用每一年的目标，一年年地积累能量是大丰收的保证。

只有那些在春天播种、同他人合作、打消疑虑、充分利用人生循环的每一年的人，才能体会到大丰收的喜悦。当需要忘记过去时，要做好准备，迎接新的循环。

无论我们是否利用这些循环，去参与或为以后做准备，我们都需要理解循环本身，并从中获得智慧，从而更好地掌握人生季节变化的节奏。

摘自《生日密码》

后　记

爱因斯坦讲：只有将一个事物分解成两个要素才能真正理解事物的本质。这句话正好解释了太极图中的双鱼图一半的含义。笔者以为应该是这样的：先将一个事物分解成两个要素，然后再合并成一个事物，一分一合，互为补充，才能真正理解事物的本质，有分不合是低一个层次的。

市场本身不可能完全被我们认识，我们认识的仅仅是市场的一部分，在这个过程中势必遇到这样那样的问题与困难，但我们只要记住南怀瑾先生说的话：世上有其事而无其理，那是我们的经验不够；世上有其理而无其事，那是我们的智慧不够。知道了这些我们就会在历史的时间长河中发展我们的智慧，去整理我们的经验。到了一定时候，我们会以更高的角度去审视我们热爱的市场。

一个理论的产生总是由现象—思考—整理—寻求本质，一步一步地辛苦研究。由于时空与智慧的局限性，也许时空波动理论是个很完美的理论，但肯定也会出现这样那样的问题是它解决不了的，笔者在这10多年的研究中做了力所能及的探讨，还需要更多的人去研究与讨论。本书相当一部分内容是笔者在2003年以前的研究成果，笔者不怕被排斥与怀疑，一旦读者朋友发现、证明笔者是错误的，请及时指正，不吝赐教。

关于至理，佛经中有，《道德经》中有，《易经》中有，这里无需再论，况且再论亦复，不如前人。今数理一并合之，也正是至理也。一句话，赏罚有道，勿以前知。

图表说明一切，历史从来都会重演，不论是上涨与下跌都是重复

自己，就像一个神秘轮盘不停地运转着，让无数人呕心沥血，让无数人为之疯狂，哪怕命运之轮在自己身上也是一样。

命运的重复不仅在于命运本身的重复，还在于你付出与收获的重复。这就是命运之轮的密码。当命运在历史重复时刻做出截然相反的动作时，你也必须掉转船头做出与先前相反的动作。

笔者一直在修行的路上。